D. Ivemeyer, R. Zerfaß

Demenztests in der Praxis
Ein Wegweiser

Demenztests in der Praxis

Ein Wegweiser

Von Dorothee Ivemeyer und Rainer Zerfaß

Mit einem Geleitwort von Hans Förstl

URBAN & FISCHER
München · Jena

Zuschriften und Kritik an:
Urban & Fischer Verlag, Lektorat Medizin, Karlstraße 45, 80333 München

Verfasser:
Dipl.-Psych. Dorothee Ivemeyer, Gedächtnisambulanz, Neurologische Klinik, Städtisches Klinikum Ludwigshafen, Bremserstr. 79, 67063 Ludwigshafen
Dr. med. Rainer Zerfaß, Pfizer GmbH, Postfach 4949, 76032 Karlsruhe

Um den Textfluss nicht zu stören, wurde bei Patienten und Berufsbezeichnungen die grammatikalisch maskuline Form gewählt. Selbstverständlich sind in diesen Fällen immer Frauen und Männer gemeint.

Die Deutsche Bibliothek – CIP-Einheitsaufnahme
Eine Titeldatensatz für diese Publikation ist bei der Deutschen Bibliothek erhältlich

1. Auflage, 2002

ISBN: 3-437-22156-6

Projektleitung: Elke Klein, München
Lektorat: Dr. med. Bettina Haake, München
Redaktion: Dr. med. S. Kubuschok, Oberstdorf
Herstellung: Petra Laurer, München
Umschlaggestaltung: spiesz design GmbH, Ulm
Satz: Elisabeth Schimmer, Ergoldsbach
Druck und Verarbeitung: Bosch-Druck, Landshut
Printed in Germany

Aktuelle Informationen finden Sie im Internet unter der Adresse:
http://www.urbanfischer.de

Geleitwort

> Habe ich ein Buch, das für mich Verstand hat, einen Seelsorger, der für mich Gewissen hat, einen Arzt, der für mich die Diät beurteilt u.s.w., so brauche ich mich ja nicht selbst zu bemühen. Ich habe nicht nötig zu denken, wenn ich nur bezahlen kann.
>
> I. Kant, 1783.

Wer glaubt, dies könne das Buch sein, dessen Erwerb weiteres Denken unnötig mache, irrt möglicherweise, aber es zeigt Auswege aus einer teilweise selbst verschuldeten Unmündigkeit. Wegweiser werden gerade in unübersichtlichem Gelände gebraucht, um Irrwege und Enttäuschungen zu vermeiden. Die Orientierung im Gebiet der Demenzen wurde durch die Publikation einer Vielzahl von Diagnoserichtlinien nicht wesentlich erleichtert. Dieses Buch garantiert solide Aufklärung und gibt klare Hinweise auf geeignete Ausrüstungsgegenstände. Davon profitieren Experten ebenso wie noch unerfahrene Demenzdiagnostiker. Die Gliederung des Hauptteils nach Instrumenten ist übersichtlich und eignet sich ebenso zur Lektüre von A bis Z wie zum Diagonallesen und Quereinstieg. Kognitive Leistungstests, Instrumente zur Einteilung des Schweregrads und zur Beurteilung nicht-kognitiver Störungen werden nach einheitlichem Schema präsentiert:

- Testcharakteristik
- Beschreibung der Verfahren
- Auswertung und Interpretation
- Durchführungsdauer
- Praktische Hinweise
- Referenz (Autoren und Erscheinungsjahr)
- Bezugsquelle und Preis

Das Opus wird durch einführende Abschnitte über Demenz und Altern, Anamnese und Liquidationsmöglichkeiten abgerundet. In jedem Absatz wird die große eigene klinische Erfahrung der Autoren spürbar.
Dieses Buch gehört in die Hände aller, die sich mit Fragen der Demenzdiagnostik wissenschaftlich oder praktisch befassen wollen – und damit in die Hände eigentlich eines jeden praktisch tätigen Arztes (numerisch hat jeder Hausarzt in Deutschland mehr als zwei Dutzend

demente Patienten zu versorgen). Ohne eine Kenntnis von Untersuchungsmethoden, wie sie hier dargestellt werden, ist keine sorgfältige Diagnostik möglich, ebenso wenig kann die einschlägige Literatur richtig verstanden werden.

Demente Patienten sind auf skandalöse Weise unterversorgt, angefangen von einer fehlenden oder unzureichenden Diagnostik bis zu einer mangelhaften Behandlung. Schuld sind alle und keiner, Ärzte, Psychologen, Beitragszahler, Kassen und Kassenärztliche Vereinigung, Politik und Gesellschaft. Der oben zitierte Kant würde nachsetzen, Faulheit und Feigheit als Ursachen benennen und argumentieren, der Zustand sei selbst verschuldet, da die Ursachen nicht am Mangel des Verstandes, sondern der Entschließung und des Mutes liegen. Also muss vor Benutzung des Werkes am Ende noch gewarnt werden, da sein Studium den mündigen Diagnostiker zur praktischen Anwendung der gewonnenen Einsichten verpflichtet.

München, im April 2002 Hans Förstl

Vorwort

Das Gedächtnis ermöglicht es uns, unsere Erfahrungen auf einem zeitlichen Kontinuum abzubilden, diese miteinander in Beziehung zu setzen und zu integrieren. Es ermöglicht, die Vergangenheit mit der Gegenwart zu verbinden und dadurch die Zukunft zu gestalten. Die Erinnerung und das Gedächtnis verleihen dem Menschen sein Empfinden für Kontinuität, seine Identität und dadurch seine einzigartige Persönlichkeit.
Störungen der Gedächtnisfunktionen, die die Persönlichkeit eines Menschen angreifen, verletzen und verändern, können vielfältige Ursachen haben. Die häufigste Ursache für abnehmende Gedächtnisleistungen im Alter ist die Alzheimersche Erkrankung. Sie ist gleichzeitig die häufigste Ursache für eine Demenz. Da der wichtigste Risikofaktor für die Entwicklung einer Demenz das Alter ist, und da wir mit einem zunehmenden Anteil an Hochbetagten in unserer Gesellschaft rechnen müssen, ist die erfolgreiche Erkennung und Behandlung von Demenzen eine entscheidende Aufgabe im Gesundheitswesen. Hier nimmt der Hausarzt, der in der Regel der erste Ansprechpartner und Vertrauensperson für ältere Menschen ist, eine besondere Rolle ein.
Einen wesentlichen Beitrag zur Diagnostik von Demenzen stellen die neuropsychologischen Testverfahren dar. Um diesen Beitrag zur Diagnostik wird es hier gehen, andere diagnostische Maßnahmen werden daher nur am Rande gestreift. Ziel ist es, einen zügigen Überblick über gängige und bewährte deutschsprachige Testverfahren zu ermöglichen. Da die Alzheimersche Erkrankung die häufigste Form der Demenz ist, werden wir uns auf die Darstellung und Erkennung dieser Erkrankung konzentrieren. Desgleichen liegt ein Schwerpunkt auf der Früherkennung, denn hier ist der wesentliche Beitrag der Testverfahren zu finden. Ist eine Demenz fortgeschritten, können auch ausgefeilte Testungen keinen weiteren Erkenntnisgewinn liefern.

Für die freundliche Unterstützung, die Begleitung und den praktischen Rat gilt unser Dank Frau Barbara Romero, Herrn Christopher Berghoff und Herrn Hans Förstl.

Heidelberg, Karlsruhe, im Juni 2002

Dorothee Ivemeyer
Rainer Zerfaß

Inhalt

Zum Titelbild

Es war Aufgabe, folgende Abbildung abzuzeichnen:

Ergebnis:

Der Zeichenversuch stammt von einer 67-jährigen Patientin. Ihrer Familie war aufgefallen, dass sie sich seit gut einem Jahr merkwürdig verändert hatte. Sie sei zunehmend unruhig geworden, sei zeitweise ziellos umhergewandert, habe alles mit den Fingern „begrapscht" und verhalte sich unangebracht, obwohl sie vormals eine so feine Dame gewesen sei. Vor einigen Wochen habe sie sogar den kleinen Enkelsohn geschlagen, was früher für sie undenkbar gewesen wäre. Gedächtnisstörungen seien nicht aufgefallen, aber sie rede auffallend oft immer wieder dasselbe. Die Patientin selbst hielt sich für völlig gesund.

Die Zeichnung zeigt, dass die Dreidimensionalität des Hauses verloren gegangen ist (Hinweis auf *visuokonstruktive Störung*). Außerdem finden sich zusätzliche Elemente, die so in der Vorlage nicht vorhanden sind. So wird die Tür des Hauses als kleines Haus im Haus gezeichnet, und im Dach finden sich zusätzliche Fenster. Offensichtlich haftet die Patientin in ihren Gedanken an einmal gezeichneten Inhalten und wiederholt diese (Zeichen für Perseveration). Die Ecken des Hauses werden mit Querstrichen „ausgeschmückt". Einige Details wie die Querbalken in den Fenstern finden sich in der Zeichnung nicht wieder (Hinweis auf *Aufmerksamkeitsstörung*).

In der neuropsychologischen Testung fanden sich Zeichen für eine leichte Demenz (Mini-Mental State Examination = 24 Punkte). In der Testbatterie CERAD fiel auf, dass die Wortflüssigkeit massiv, das

Gedächtnis aber nur sehr leicht beeinträchtigt war. Der Teil B des Trail Making Tests (Maß für die kognitive Umstellungsfähigkeit) wurde nach vier Minuten abgebrochen, da die Patientin zur Bearbeitung der Aufgabe nicht imstande war.
In der Computertomographie des Kopfes zeigte sich eine mäßige frontal betonte Hirnatrophie. Die Elektroenzephalographie, die Laborbefunde und der körperliche Untersuchungsbefund waren unauffällig.

Aufgrund der klassischen Anamnese, der charakteristischen neuropsychologischen Testergebnisse und des typischen Computertomographie-Befundes wurde beim Fehlen anderer möglicher Demenzursachen eine frontotemporale Demenz diagnostiziert.

1 Demenz, normales kognitives Altern und leichte kognitive Beeinträchtigung

1.1 Der Begriff „Demenz"

Die Bezeichnung Demenz lässt sich vom lateinischen dementia herleiten und bedeutet so viel wie Unvernunft. Der Begriff findet sich bereits bei den Römern. Von Junius Juvenalis (60–40 n.Chr.) ist folgende Textstelle bekannt:

„Aber noch schlimmer als sämtlicher Glieder Gebrechen ist die Demenz, bei der man selbst die Namen der Sklaven, die Miene des Freundes nicht mehr erkennt, der in vergangener Nacht mit einem speiste, nicht mehr die Kinder, die man gezeugt und erzogen."

Einen Abbau der intellektuellen Fähigkeiten im Alter hat es also wohl schon immer gegeben. Nur sind damals wenige Menschen so alt geworden, dass sie diesen Abbau erlebt hätten. Das hat sich bekanntlich geändert. Die durchschnittliche Lebenserwartung steigt, mehr Menschen werden immer älter, und besonders die Anzahl der Hochbetagten nimmt zu. Anschaulich zeigt die folgende Abbildung, dass der Bundespräsident immer mehr Hundertjährigen zum Geburtstag gratulieren kann (Abb. 1-1).
Da mit dem Alter das Risiko steigt, an einer Demenz zu erkranken, ist mit einer weiteren Zunahme der Demenzkranken zu rechnen. Derzeit leiden in der Bundesrepublik Deutschland ungefähr eine Million Menschen an einer Demenz. Man schätzt, dass ca. 6–8 % der Bevölkerung über 65 Jahren unter mittelschweren und schweren Demenzformen leidet, hinzu kommen wahrscheinlich noch einmal 6–8 % unklare oder leichte Demenzen.[2]

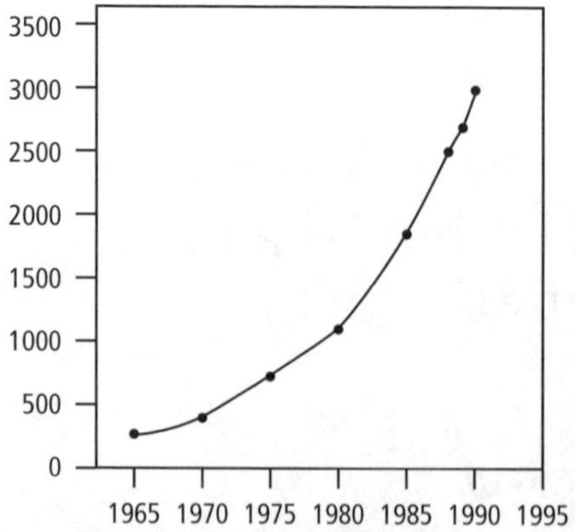

Abb. 1-1
Einen anschaulichen Eindruck von der zunehmenden Zahl Hochbetagter in der Gesellschaft vermittelt die Anzahl Hundertjähriger, denen der Bundespräsident jedes Jahr gratuliert (Daten nach Lehr[1]).

Es gibt verschiedene Ursachen für die Entwicklung eines Demenzsyndroms. Die mit Abstand häufigste Demenzform ist die der *Alzheimer-Demenz.*

Eine Demenz ist durch folgende **Trias** gekennzeichnet:

1. **Störung mehrerer kognitiver Funktionsbereiche** (Gedächtnisstörungen allein genügen nicht)
2. **Beeinträchtigung der Alltagsaktivitäten** durch die Hirnfunktionsstörung (z.B. Schwierigkeiten bei der Haushaltsführung)
3. Die Störung ist **erworben** (im Gegensatz zur Oligophrenie).

Die Störungen der geistigen Leistungsfähigkeit können dabei ganz verschiedene Bereiche betreffen:

- *Lernen und Gedächtnis* (Fähigkeit, neue Informationen zu speichern und auf früher Gelerntes zuzugreifen).
- *Denken* (Problemlösen, schlussfolgerndes Denken, Urteilsbildung)
- *Sprache* (Wortfindung, Wortflüssigkeit, Informationsgehalt)
- *Aufmerksamkeit* (Informationsverarbeitungsgeschwindigkeit, Aufmerksamkeit fokussieren und wechseln)
- *Praxie* (Planen und Durchführen von Einzelbewegungen und Bewegungsabläufen bei intakter Sensorik und Motorik)
- *Visuokonstruktion* (Nachzeichnen und Nachlegen von zwei- und dreidimensionalen Strukturen)

- *Exekutive Funktionen* (Fähigkeit, komplexes und zielgerichtetes Verhalten zu planen, zu initiieren und durchzuführen)

Hinzu kommen häufig, wenn auch nicht obligat, „nicht-kognitive" Symptome:

- *Persönlichkeitsveränderungen* (individuell sehr unterschiedlich, z.B. Eigensinn, Sturheit, Akzentuierung der Primärpersönlichkeit)
- *Depressivität* und *Angst*
- *Produktiv-psychotische Symptome* (häufig z.B. Verfolgungs-, Verarmungs-, Eifersuchts- oder Vergiftungswahn, seltener Halluzinationen)
- *Verhaltensstörungen* (individuell sehr unterschiedlich, z.B. gestörtes Essverhalten, Umkehr des Tag-Nacht-Rhythmus, enthemmtes Verhalten, Unruhe, Aggressivität)

Die **Diagnosekriterien** der wichtigen Klassifikationssysteme geben vor, dass neben dem Gedächtnis mindestens eine weitere intellektuelle Funktion beeinträchtigt sein muss. Die Internationale Klassifikation psychischer Störungen (ICD-10)[3] fordert eine Mindestdauer der Beeinträchtigung von sechs Monaten. Wichtig ist, dass die Symptome zu einer Beeinträchtigung in der selbstständigen Alltagsbewältigung führen.

Eine Demenz ist in der Regel nicht reversibel. Da es jedoch Ausnahmen gibt (z.B. Alkoholdemenz), gilt die Irreversibilität nicht mehr als conditio sine qua non. Beim Vorhandensein eines Delirs darf eine Demenzdiagnose nicht gestellt werden, und es muss der weitere Verlauf abgewartet werden. Streng genommen dürfte man eine Demenz also erst nach einer Verlaufsbeobachtung in einem Abstand von sechs Monaten diagnostizieren. Natürlich kann man es keinem Patienten zumuten, ein halbes Jahr auf eine Therapie zu warten. Deshalb ersetzt in der Praxis eine Fremdanamnese die zur Demenzdiagnose eigentlich obligate Verlaufsuntersuchung. Durch eine gründliche Fremdanamnese können Krankheitsbeginn und -verlauf in fast allen Fällen hinreichend beurteilt werden.

Hinsichtlich der differentialdiagnostischen Einordnung der verschiedenen Demenzformen empfehlen wir das konsequente Verwenden der ICD-10. Die ICD-10 ist, wenn es um die Demenzdiagnose geht, nicht besser als andere Systeme wie z.B. das DSM-IV[4]. Unterschiede liegen lediglich im Detail. Die ICD-10 wird jedoch Grundlage der „Diagnosis Related Groups" („DRG") sein. Da die „DRGs" voraussichtlich in vielen Bereichen die Grundlage zu Abrechnungen mit den Krankenkassen sein werden, wird sich die ICD-10 wohl als Standard durchsetzen. In der ICD-10 kann man eine Demenz sowohl als psychiatrische (F-Ziffern) als auch als neurologische Erkrankung (G-Ziffern) kodieren. Von den Klinikärzten werden zur Dokumentation oftmals beide Ziffern verlangt (Tabelle 1-1).

In der Forschung werden sehr häufig die so genannten „McKhann-Kriterien"[5] verwendet. Diese wurden 1984 in den USA formuliert und unterscheiden zwischen einer „wahrscheinlichen" und einer „möglichen" Alzheimer-Demenz. Bei einer wahrscheinlichen Alzheimer-Demenz kann keine zusätzliche Störung gefunden werden, die möglicherweise die Demenz mit verursacht haben könnte. Bei einer möglichen Alzheimer-Demenz ist es hingegen aufgrund des Krankheitsverlaufs oder der Zusatzbefunde nicht ausgeschlossen, dass auch andere Faktoren (z.B. vaskuläre Läsionen) einen Einfluss auf die Demenz haben.

1.2 Normales kognitives Altern

Einige Gedächtnisleistungen verändern sich mit dem Alter, auch wenn kein Hinweis auf eine Erkrankung gegeben ist. Die intellektuelle Leistungsfähigkeit wird durch verschiedene Variablen wie Bildung, Beruf, Gesundheit und Lebensstil beeinflusst[6], so dass eine hohe Variabilität der Leistungsfähigkeit im Alter vorliegt. Lange hat man gedacht, dass die Intelligenz ihren Höhepunkt im frühen Erwachsenenalter hat, sich eine Plateauphase bis in das sechste Lebensjahrzehnt zeigt, und danach ein Nachlassen der Leistungsfähigkeit vorliegt, welches sich in den 70ern beschleunigt. Diese Sicht ist in dieser Einfachheit nicht mehr haltbar. Inzwischen weiß man, dass man verschiedene Teilbereiche der „Intelligenz" gesondert betrachten muss. Es hat sich zum Beispiel gezeigt, dass ältere Menschen bei Aufgaben, die kognitives Tempo, schlussfolgerndes Denken und Problemlösen erfordern, Schwierigkeiten haben. Sprachliche Leistungen und kulturelles Wissen dagegen weisen eine Konstanz auf.

In Gedächtnistests konnte nachgewiesen werden, dass sich die Gedächtnisleistungen gesunder älterer Kontrollprobanden in der freien

Tab. 1-1 Diagnosekriterien für die Alzheimer-Demenz nach ICD-10 mit den Diagnoseschlüsseln für Demenzen. Dargestellt sind die „psychiatrischen" (psychische Erkrankungen, F...) und die „neurologischen" Kodierungen (Erkrankungen des Nervensystems , G...).

Diagnose	Diagnoseschlüssel	Einschlusskriterien	Ausschlusskriterien
Alzheimer-Demenz	F00 (G30)	Beeinträchtigung mehrerer kognitiver Funktionen inkl. Gedächtnis, Orientierung, Sprache und Urteilsfähigkeit. Beeinträchtigungen in den Funktionen des alltäglichen Lebens. Schleichender Beginn mit langsamer Verschlechterung und irreversiblem Verlauf. Dauer mind. 6 Monate.	Plötzlicher apoplektischer Beginn. Neurologische Herdzeichen wie Hemiparese, Sensibilitätsverlust, Gesichtsfeldausfälle und Koordinationsstörungen in der Frühphase der Krankheit. Hinweise auf System- oder Hirnerkrankungen, die ebenfalls eine Demenz verursachen können (z.B. Normaldruck-Hydrocephalus, Vitamin-B_{12}-Mangel). Bewusstseinstrübung
– mit frühem Beginn	F00.0 (G30.0)	Beginn der Symptome vor dem 65. Lebensjahr. Gewöhnlich rasche Progredienz der Symptome.	
– mit spätem Beginn	F00.1 (G30.1)	Beginn der Symptome nach dem 65. Lebensjahr.	
– atypische oder gemischte Demenz	F00.2 (G30.8)	u.a. Mischformen von vaskulärer und Alzheimer-Demenz	

Wiedergabe von zuvor gelerntem Material verschlechtern, nicht jedoch beim Wiedererkennen des Materials. Diese Unterscheidung ist wichtig, denn sie deutet darauf hin, dass Schwierigkeiten im zügigen Zugriff auf Informationen bestehen, dass die Information an sich aber im gesunden Gedächtnis des Älteren vorhanden und abgespeichert ist, so dass sie leicht wiedererkannt werden kann. Dies entspricht der Alltagsbeobachtung, dass einem älteren Menschen etwas spontan nicht einfällt. Wenn die Person aber erinnert wird, ist die Information sofort bekannt. Anders ist das beim Alzheimer-Patienten, der über diese Erfahrung des Wiedererkennens (dass ihm z.B. etwas zuvor Erzähltes bekannt vorkommt) kaum noch verfügt, da er nicht mehr in der Lage ist, überhaupt eine neue Information abzuspeichern. Bei der Alzheimer-Demenz sind also beide Funktionen gestört, nicht nur die des Abrufs, sondern auch die des Abspeicherns. Diese Unterscheidung kann helfen, „normale" Gedächtnisprobleme von „krankhaften" zu unterscheiden.

1.3 Die Grauzone zwischen normalem Altern und demenzieller Entwicklung – Bedeutung von Normen und Testgütekriterien

Da sich die Demenz schleichend entwickelt und gleichzeitig normales Altern kognitive Veränderungen mit sich bringen kann, bleibt die Frage der Abgrenzung zwischen normalem und pathologischem Alterungsprozess ein schwieriges Problem. Es gilt, dieses Problem in jedem individuellen Fall bestmöglich zu lösen. Hier liegt eines der Haupteinsatzgebiete der neuropsychologischen Testverfahren.

Um beurteilen zu können, ob ein einzelner Testwert normal ist, muss bekannt sein, was von einem gesunden Menschen einer bestimmten Altersgruppe durchschnittlich zu erwarten ist. Dazu müssen Tests über Normwerte verfügen, die im Idealfall alters-, geschlechts- und ausbildungskorrigiert sind. Erst die Existenz solcher Normwerte ermöglicht die Interpretation eines individuellen Testergebnisses. Die individuelle Leistung kann dann mit dem jeweiligen Normwert verglichen werden, so dass entschieden werden kann, ob diese über- oder unterdurchschnittlich ausgefallen ist. Dann erst erfüllen die Tests mit relativer

Sicherheit ihre Aufgabe, die subjektiven Beschwerden eines Patienten in objektiv aussagekräftige Größen zu übersetzen. Ausbildungskorrigierte Normen können beispielsweise helfen, das Problem zu lösen, dass Personen mit hohem Ausbildungsgrad bzw. hohem prämorbiden Intelligenzniveau noch unauffällige Testwerte erzielen können, obwohl sie im Alltag bereits Beeinträchtigungen aufweisen. Umgekehrt können Personen mit niedrigem Ausbildungs- oder Intelligenzgrad auffällige Testwerte zeigen, obwohl sie im Alltag unbeeinträchtigt sind.
Leider fehlen für die meisten testdiagnostischen Verfahren im Alter angemessene Normen. Aufgrund der Bedeutung der Gerontologie und Gerontopsychiatrie aber hat sich die Situation in den letzten zehn Jahren deutlich gebessert. Hervorzuheben diesbezüglich sind die Verfahren Consortium to Establish a Registry for Alzheimer's Disease (CERAD), Nürnberger Altersinventar (NAI) und Wechsler Memory Scale (WMS-R).
Neben der Forderung nach adäquaten Normen sollten die Tests außerdem folgende Gütekriterien erfüllen: sie sollten unabhängig von verschiedenen Untersuchungszeitpunkten genau messen (*Reliabilität*); sie sollten das messen, was sie vorgeben zu messen (*Validität*), und sie sollten unabhängig vom Untersucher bei derselben Person zu demselben Ergebnis kommen (*Objektivität*).[7] Verfahren, bei denen diese Voraussetzungen nachgewiesenermaßen erfüllt sind, sind in jedem Falle selbst konstruierten Skalen und Fragebögen vorzuziehen. Erst dann nämlich ist ein Ergebnis aussagekräftig und eine Vergleichbarkeit zwischen Ergebnissen möglich.
Die Verwendung von in dieser Weise fundierten Verfahren kann dazu beitragen, das Risiko einer diagnostischen Falschaussage in diesem schwierigen Abgrenzungsgebiet zu minimieren.

1.4 Das Konzept „Mild Cognitive Impairment" (MCI)

Die Erfahrung zeigt, dass viele ältere Menschen sich über ihre Vergesslichkeit beklagen und sich Sorgen machen, eine Erkrankung zu entwickeln, ansonsten aber keine Beeinträchtigungen anderer kognitiver Funktionen aufweisen. Die Frage ist, ob diese Personen die frühen Ver-

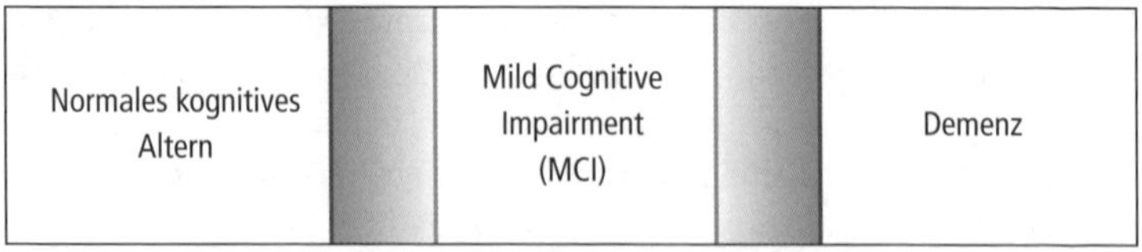

Abb. 1-2 Kontinuum von normalem Altern zur Demenz.

änderungen einer demenziellen Entwicklung wahrnehmen, oder ob es sich um eine „gutartige“ altersassoziierte Altersvergesslichkeit handelt, die sich nicht notwendigerweise verschlechtern muss.

Vermutlich existiert ein Kontinuum zwischen dem normalen Altern, ersten leichten Gedächtnisstörungen und dem Erreichen der Demenzschwelle bzw. der Alzheimerschen Krankheit (Abb. 1-2). Dieser Übergangsbereich der leichten Gedächtnisstörungen wird als Mild Cognitive Impairment oder als leichte kognitive Beeinträchtigung bezeichnet. Er besteht dann, wenn Personen eine Gedächtnisbeeinträchtigung im Bereich der Merkfähigkeit aufweisen, die größer ist, als man für das betreffende Alter erwarten würde, andere Funktionen und das Alltagsleben aber unbeeinträchtigt sind. Auch im Verlauf nehmen die kognitiven Defizite nicht gesetzmäßig zu. Die Kriterien eines Demenzsyndroms sind hier also nicht erfüllt. Für diesen Übergangsbereich hat es in den letzten 15 Jahren verschiedene Beschreibungen gegeben. Die bekanntesten Konzepte sind das AAMI (Age Associated Memory Impairment) und das AACD (Age Associated Cognitive Decline). Um diese Gruppe bestmöglich beschreiben zu können, muss sowohl eine Abgrenzung zum normalen kognitiven Altern als auch zu frühen Demenzstadien vorgenommen werden.

In der aktuellen Literatur werden folgende Richtlinien zur MCI-Diagnose angegeben[8]:

- Gedächtnisstörung, die vom Betroffenen, Angehörigen oder vom Arzt verbalisiert wird
- Objektive Gedächtnisbeeinträchtigung (die Testleistung muss 1,5 Standardabweichungen unter der Norm alters- und bildungsgematchter Kontrollen liegen)
- Geringfügig auffälliger Wert in einem Schweregradbeurteilungsinstrument (z.B. Clinical Dementia Rating = 0,5 oder Global Deterioration Scale = 2 oder 3)

- Aktivitäten des täglichen Lebens unbeeinträchtigt
- Keine Demenz
- Kein zweifelsfrei pathologisches Ergebnis in Screening-Verfahren, wie z.B. Mini-Mental Status Examination (MMSE) von mindestens 26 Punkten
- Keine medizinische oder psychiatrische Ursache für die vorliegenden Beschwerden

Verfolgt man MCI-Patienten längsschnittlich, so zeigt sich in der Mehrzahl der Studien, dass die Patienten mit ca. 10–15%iger Wahrscheinlichkeit pro Jahr eine Alzheimersche Erkrankung entwickeln. Im Gegensatz dazu weisen normale ältere Menschen eine Wahrscheinlichkeit von 1–2% pro Jahr auf. Die Zahlen zeigen also einerseits, dass MCI-Patienten ein hohen Risiko haben, eine Alzheimer-Demenz zu entwickeln, sie zeigen andererseits aber auch, dass viele dieser Patienten in ihren kognitiven Leistungen stabil bleiben. Wahrscheinlich muss man davon ausgehen, dass es sich bei der Gruppe der „MCI-ler" um eine heterogene Gruppe handelt, die aus im weiteren Verlauf sich verschlechternden „declinern" und aus im weiteren Verlauf kognitiv stabil bleibenden „non-declinern" besteht.[8]
Die Differenzierung dieser verschiedenen Subtypen des Mild Cognitive Impairment ist derzeit ein wichtiges Forschungsgebiet im Rahmen der Fragen von Altern und Demenz. In groß angelegten, z.T. multizentrischen Studien wird die Wirkung von antidementiv wirksamen Medikamenten auf den Verlauf beim MCI untersucht. Letztendlich geht es um die möglichst frühzeitige Erkennung einer demenziellen Entwicklung und eine ebensolche therapeutische Einflussnahme. Hier leisten die neuropsychologischen Testverfahren einen entscheidenden Beitrag, solange es keine sicheren biologischen Marker zur Früherkennung einer Demenz gibt.

1.5 Gedächtnisformen und anatomische Korrelate

Unter dem Oberbegriff Gedächtnis subsumieren sich verschiedene zeitliche als auch inhaltliche Dimensionen.[9] Die geläufigere Aufteilung ist die anhand der zeitlichen Dimension. Das **Ultrakurzzeitgedächtnis**

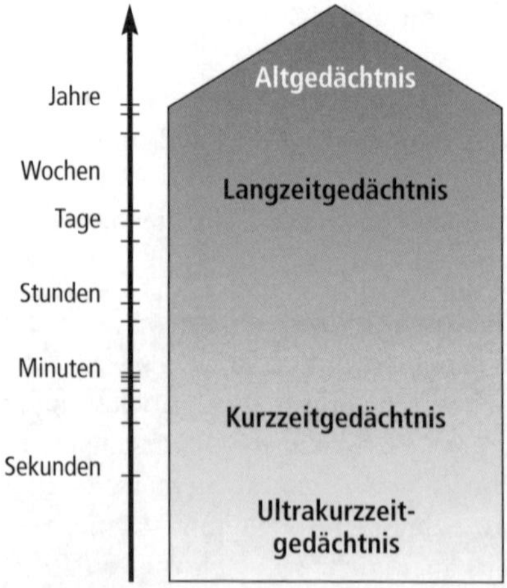

Abb. 1-3 Unterteilung des Gedächtnisses in verschiedene Kategorien nach zeitlichen Gesichtspunkten.

(**UKZG**) bezeichnet eine für einige Millisekunden währende Informationsrepräsentation, die die früheste Stufe der Reizwahrnehmung kennzeichnet. Eine Weiterverarbeitung dieser Information findet im **Kurzzeitgedächtnis** (**KZG**) statt. Dort verweilt die Information für einige Sekunden und kann durch inneres Wiederholen länger aufrechterhalten werden. Je nach Verarbeitungstiefe kann sich die Information dann im **Langzeitgedächtnis** (**LZG**) konsolidieren. Bei sehr lange zurückliegenden Informationen spricht man auch vom **Altgedächtnis** (Abb. 1-3). Etabliert hat sich zusätzlich der Begriff **Arbeitsgedächtnis** als Teil des Kurzzeitgedächtnisses.[10] Dieser Speicher nimmt neue Informationen auf und kann auf bereits gespeicherte Informationen zurückgreifen, diese miteinander in Beziehung setzen, bearbeiten und manipulieren. Für komplexe geistige Operationen wie problemlösendes und planendes Denken ist sein Funktionieren Voraussetzung.

Aus unserer täglichen Erfahrung wissen wir, dass man sich an verschiedene Inhalte erinnern kann. Wir können uns zum Beispiel an unsere Einschulung erinnern, wir wissen, dass Paris die Hauptstadt Frankreichs ist, wir können Klavier spielen, und bei Pfeifengeruch taucht urplötzlich das Bild des Wohnzimmers unserer Großeltern vor unserem inneren Auge auf. Diese Beispiele geben vier inhaltlich unterscheidbare Gedächtnisformen wieder. An hirngeschädigten Patienten kann man beobachten, dass in Abhängigkeit von der Lokalisation der

Schädigung lediglich einzelne inhaltliche Speicher betroffen sein können. Bei der Erinnerung an Ereignisse des eigenen Lebenslaufes spricht man vom **episodischen Gedächtnis**. Diese Erinnerungen können in der Regel zeitlich und örtlich festgemacht werden. Das Faktenwissen oder Allgemeinwissen dagegen hat diesen Bezug nicht; es wird als **semantisches Gedächtnis** bezeichnet. Episodisches und semantisches Gedächtnis haben gemeinsam, dass die darin abgespeicherten Informationen dem bewussten und willentlichen Abruf zugänglich sind. Daher können sie zusammengefasst werden als **deklaratives** (oder *explizites*) **Gedächtnis**. Die Speicher des **non-deklarativen** (auch *impliziten*) **Gedächtnisses** verfügen dagegen über Informationen, die schwer verbalisierbar und beschreibbar und nicht bewusst und willentlich abrufbar sind. Das **prozedurale Gedächtnis** als eine Unterform des non-deklarativen Gedächtnisses speichert die Fähigkeit, bestimmte Fertigkeiten (z.B. Klavier spielen und Ski laufen) auszuführen. Zu diesen Fertigkeiten können sowohl motorische als auch kognitive Abläufe zählen. Eine weitere non-deklarative oder implizite Gedächtnisleistung ist das so genannte **„Priming"**. Dieser Begriff beschreibt das Phänomen, dass man eine Information schneller und mit größerer Wahrscheinlichkeit wiedererkennt, wenn man ihr zuvor schon begegnet ist, auch wenn man sich daran nicht bewusst erinnern kann (Abb. 1-4).

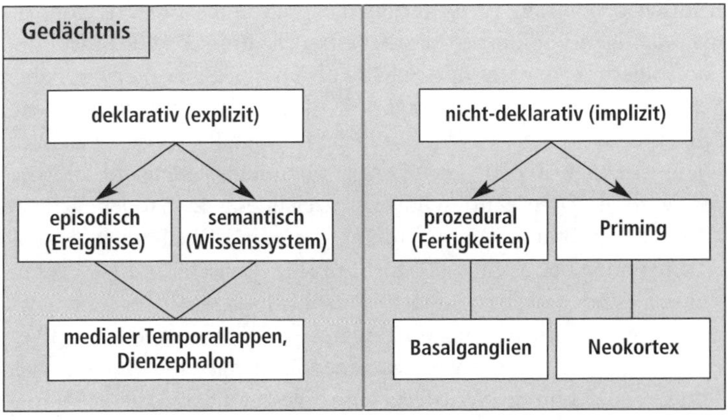

Abb. 1-4 Unterteilung des Gedächtnisses in verschiedene Systeme nach inhaltlichen Gesichtspunkten und die hauptsächlich beteiligten anatomischen Korrelate.

Für die Abspeicherung aufgenommener Informationen sind besonders die Kern- und Faserkomplexe des medialen Temporallappens (hier besonders der Hippokampus und entorhinale Kortex) und des medialen Dienzephalons (hier besonders medialer Thalamus) von Bedeutung. In der Regel findet sich bei der Alzheimer-Demenz eine ausgeprägte Hirnatrophie, die sich am stärksten im Frontal- und Temporallappen der Hirnrinde sowie dem Hippokampus und der Regio entorhinalis zeigt. Die frühesten Zeichen der Hirnatrophie fanden sich in MRT-Studien in der Hippokampus-Region. Typischerweise kommt es bei Alzheimer-Patienten in diesen Bereichen auch zu einer sehr raschen Progredienz der Hirnatrophie.[11] Hierdurch werden die Gedächtnisstörungen, welche bei der Alzheimer-Demenz zumeist erstes Krankheitssymptom sind, gut erklärbar. Demgegenüber sind der primär motorische, sensorische und okzipitale Kortex von der Atrophie weitgehend ausgespart. Dies erklärt, weshalb Alzheimer-Patienten oft sehr lange einen nahezu unauffälligen neurologischen Befund zeigen und oberflächlich gesehen sehr normal und wenig krank wirken.
Betrachtet man die Veränderungen an den beiden Hirnhälften getrennt, dann scheint die linke Hemisphäre mehr für das semantische Altgedächtnis[12] und die rechte für das episodische Altgedächtnis[13] zuständig zu sein. Bedeutsam wird dies, wenn die Hirnschädigung vornehmlich eine Hirnhälfte betrifft, wie z.B. bei der kortikobasalen Degeneration.
Klinisch bedeutsam ist weiterhin die präfrontale Kortexregion, die die wichtigen Funktionen des Arbeitsgedächtnisses koordiniert und kontrolliert. Patienten mit Schädigungen in dieser Region haben Schwierigkeiten, die Aufmerksamkeit zu wechseln und abstrahierend, schlussfolgernd und von der aktuellen Situation gelöst zu denken. Diese Unfähigkeit, den Gedankengang handlungsleitend zu fokussieren, wird als Dysexekutivsyndrom bezeichnet.[14] Es handelt sich um typische Symptome von Erkrankungen, die vornehmlich frontale Hirnregionen betreffen (z.B. Morbus Pick). Typisch für diese Erkrankungen sind darüber hinaus Persönlichkeitsveränderungen wie zunehmende Enthemmung oder Aggressivität, Affektlabilität und Veränderungen der Sprache wie zunehmendes Benutzen von stereotypen Phrasen oder sinnloses Wiederholen vorgesagter Sätze.[15]
Für das prozedurale Gedächtnis sind Regionen zuständig, die weitgehend der Motorik zugeordnet sind.[16] Die Basalganglien und Teile des

Kleinhirns scheinen auch für Denkprozesse, die nach unbewussten Regeln und Schemata ablaufen, zuständig zu sein. Schwierigkeiten beispielsweise im Wahrscheinlichkeitslernen, der Fähigkeit, Auftretenswahrscheinlichkeiten für bestimmte Dinge zu erfassen, scheinen mit Störungen der Basalganglien einherzugehen. Bei Aufgaben zum Wahrscheinlichkeitslernen haben Parkinson-Patienten im Gegensatz zu Alzheimer-Patienten erhebliche Schwierigkeiten.[17] Alzheimer-Patienten können noch lange leichte motorische Fertigkeiten erlernen, und ihr Gangbild ist oft noch bis in fortgeschrittene Krankheitsstadien flüssig, was ebenfalls durch die Unversehrtheit der Basalganglien ermöglicht wird.

Bei neuropathologischen Untersuchungen zeigten sich bei der Alzheimer-Demenz Veränderungen der Neurone in zweierlei Hinsicht: Neurofibrilläre Bündel und Amyloid-Plaques treten an die Stelle normaler Zellelemente. Bereits Alois Alzheimer wies die Amyloid-Plaques histologisch nach und erkannte auch schon das Dilemma der „Amyloid-Theorie" der Alzheimer-Demenz: die Plaques sind nämlich keinesfalls nur typisch für die Alzheimer-Demenz, sondern finden sich vielmehr auch beim gesunden Älteren. Lediglich das Ausmaß und die Lokalisation der Plaques lassen histologisch eine gewisse Differenzierung zwischen Alzheimer-Demenz und normalem Altern zu. Es ist also falsch, anzunehmen, dass ein Pathologe in Unkenntnis der Klinik eine Alzheimer-Demenz diagnostizieren kann.
Inhaltsstoff der Amyloid-Plaques ist vornehmlich ein in aggregierter Form vorliegender Eiweißstoff (Beta-A4-Protein). Beta-A4 ist ein Abbauprodukt des Amyloid-Vorläufer-Proteins (APP), bei dessen Entstehung verschiedene Enzyme maßgeblich beteiligt sind (Beta- und Gamma-Sekretasen). Ein Überwiegen der zur Beta-A4-Produktion beitragenden Enzyme und/oder eine verstärkte Aggregation von Beta-A4 gelten bei vielen Wissenschaftlern heute als wesentliche Ursache der Alzheimer-Demenz.[18] Als Folge der Amyloid-Pathologie soll es zur Bildung von Neurofibrillen und schließlich zum Zelltod kommen.

Der Nervenzelluntergang führt zu einem Mangel an Überträgerstoffen. Besonders evident ist die Abnahme von Acetylcholin. Bei der Alzheimer-Demenz, aber auch bei anderen degenerativen Hirnerkrankungen wie dem Morbus Parkinson, erleiden der cholinerge Nucleus basalis Meynert und andere cholinerge Zellverbände einen erheblichen Zelluntergang.[19] Das hierdurch entstehende cholinerge Defizit steht im Mittelpunkt pharmakologischer Überlegungen. Die zur Zeit effektivsten Medikamente zur Behandlung der Alzheimer-Demenz greifen am cholinergen Defizit an und führen durch eine Hemmung der Acetylcholinesterase zu einem vermehrten Acetylcholinangebot und so zu einer Verzögerung der Symptomprogredienz.

1.6 Medizinische und psychologische Therapieansätze

Wenn die diagnostische Sicherheit bei der Erkennung von demenziellen Entwicklungen in ihren Frühformen zunimmt, stellt sich zwingend die Frage nach therapeutischen Möglichkeiten.

Medikamentöse Therapie: Traditionell werden in Deutschland häufig *Nootropika* als Medikamente gegen eine Demenz angewendet. Ihre Wirkweise ist oftmals unklar. Seit der Entwicklung der *Acetylcholinesterasehemmer* haben sich die medikamentösen Behandlungsmöglichkeiten deutlich gebessert. Diese neuen Präparate ermöglichen durch ein vermehrtes Acetylcholinangebot im Gehirn eine Verzögerung des Fortschreitens der Demenzsymptome um etwa ein Jahr. Aktuelle Therapieempfehlungen[20] bezeichnen diese Medikamentengruppe daher als Mittel der ersten Wahl bei der Behandlung der Alzheimer-Demenz.

Auch von **psychologischer Seite** gibt es verschiedene therapeutische Ansätze. Die gewählte Methode hängt dabei vom Therapieziel ab, das sehr variieren kann. Das Therapieziel kann eine Stabilisierung der kognitiven Fähigkeiten beinhalten, eine Verbesserung von Orientierung und Selbstständigkeit oder eine Stabilisierung des Selbstwertgefühls und der Identität. Der Schwerpunkt kann auch auf einer Reduktion der psychiatrischen Begleitsymptome und der Bearbeitung umschriebener Verhaltensprobleme liegen. Im Mittelpunkt aller Verfahren steht jedoch immer eine Verbesserung der Lebensqualität des Betroffenen und seiner Angehörigen, da eine Rückbildung der Kernsymptomatik ein unrealistisches Ziel wäre. Trotzdem kann durch Aktivierung und Motivierung des Patienten versucht werden, das Voran-

schreiten der kognitiven Symptomatik zu verlangsamen. Inhaltlicher Schwerpunkt bei beginnender demenzieller Entwicklung sollte sein, die Veränderungen der geistigen Leistungsfähigkeit zu akzeptieren und zu bewältigen. Mit Fortschreiten der Symptomatik sollten Angehörige mehr und mehr in die therapeutischen Maßnahmen einbezogen werden.
Einzelne Verfahren sollen an dieser Stelle kurz ausgeführt werden. (Interessenten sei zur weiteren Lektüre folgendes Buch empfohlen: Verhaltenstherapie bei Morbus Alzheimer von Ehrhardt, T. und Plattner, A. (1999). In diesem Buch befindet sich ein guter Überblick über psychologische Therapieansätze.[21])

Gedächtnistraining: Hierunter fallen alle Trainingsansätze, die einzelne Funktionsbereiche, wie z.B. das episodische Gedächtnis, durch Übungen stabilisieren wollen sowie breiter gefächerte Trainingsprogramme wie Brainjogging-Übungen. Man weiß, dass Trainingsprogramme, die kognitive Übungen mit körperlicher Aktivierung verknüpfen, bei gesunden Älteren zu lang anhaltenden Verbesserungen der kognitiven Leistungsfähigkeit führen. Ein bekanntes Beispiel ist das *Programm zur Erhaltung und Förderung von Selbstständigkeit im höheren Lebensalter SIMA.*[22, 23] Demenzpatienten profitieren von einem Training deutlich weniger, da keine lang anhaltenden Effekte auftreten und keine Generalisierung auf den Alltag stattfindet. Zudem bedeutet jede Form von Training eine Konfrontation mit den Defiziten, was Verhaltensprobleme wie Angst, Depression und Aggression steigern kann. Wenn keine Möglichkeit besteht, wie z.B. im Gruppentraining, diese Konfrontation therapeutisch aufzugreifen und zu bearbeiten, ist von einem Training eher abzuraten, da die Gefahr besteht, dass eine zunehmend depressive Stimmungslage des Patienten die kognitive Leistungsfähigkeit noch herabsetzt.

Realitäts-Orientierungs-Training (ROT)[24]: Das ROT wird im Umgang mit verwirrten Älteren im Heimbereich sehr häufig eingesetzt. Ziel ist es, Orientierung und Gedächtnisleistungen zu verbessern und Verhaltensstörungen abzubauen. Dabei sollen sowohl bestimmte Kommunikationstechniken als auch die speziell ausgestaltete Umgebung es dem Patienten erleichtern, sich im Hier und Jetzt zu orientieren und zurechtzufinden. In der Kommunikation sollen kurze Sätze

verwendet werden, die möglichst viel Bezug nehmen auf Zeit, Ort und die Person des Patienten (24-Stunden-ROT). Externale und die Umgebung strukturierende Gedächtnishilfen sind farblich gestaltete Flure oder große Uhren und Kalender. Im so genannten Classroom-ROT werden in kleinen Gruppen Übungen zu Orientierung, Wahrnehmung und sozialer Kompetenz durchgeführt.
Das Pflegepersonal einer Einrichtung muss entsprechend geschult werden, um spezielle Kommunikations- und Umgangsformen zu erlernen. Die Verlaufs- und Erfolgsstudien über den Einsatz des ROT liefern widersprüchliche Ergebnisse. Vorsicht ist auch hier bezüglich der Sinnhaftigkeit eines Trainings geboten, das zur ständigen Konfrontation mit den bei Demenzpatienten vorhandenen und zunehmenden Defiziten führt.

Validation: Eine andere Vorgehensweise schlägt N. Feil vor.[25] Anstatt den verwirrten Menschen durch Fragen und Übungen immer wieder ins Hier und Jetzt zurückzuholen, wird die Erlebniswelt des Kranken anerkannt und als gültig (valide) erklärt. Dieses geschieht durch Zuhilfenahme verschiedener verbaler und nonverbaler Techniken, eine Kenntnis der Biographie des Patienten ist ein wichtiges Werkzeug.
Kritisch zu hinterfragen ist z.B. die theoretische Grundlage des Konzepts, der zufolge die Desorientierung eines Patienten aus einem nicht gelösten Entwicklungsschritt resultiert und der Validationstherapeut bei der Lösung einer Entwicklungsaufgabe hilft. Der Ansatz aber, einen Patienten in seiner Wirklichkeit zu belassen und ihn dort aufzufangen, ist sehr zu befürworten.

Selbsterhaltungstherapie (SET): Aufgrund der zunehmenden Unfähigkeit, zeitliche Kontinuität wahrzunehmen, ist eine dramatische Folge der Demenz der Verlust des Wissens über die eigene Person und damit der Verlust der Identität. Daher hat die Selbsterhaltungstherapie von Romero und Eder (1992)[26] zum Ziel, die personale Identität des Demenzkranken so lange wie möglich zu erhalten. Ein Schwerpunkt der Therapie ist, das selbstbezogene Wissen durch Wiederholungen zu üben und aufrechtzuerhalten. Dazu werden z.B. persönliche Fotoalben angelegt, wobei jedes Foto mit einem Kommentar des Patienten beschriftet wird. Es können auch für den einzelnen Patienten bedeutsame Lieder und Gedichte gesammelt werden. Anhand des Albums

kann die eigene Biographie wiederholt und aktiv gehalten werden. Ein wichtiger Grundsatz ist weiterhin, dass die jeweilige Realität oder personale Identität des Kranken (wenn er z.B. meint, er sei noch berufstätig und müsse zur Arbeit gehen) anerkannt und nicht in Frage gestellt wird. Dies entspricht dem Ansatz der Validation. Die Angehörigen werden aktiv in die Arbeit einbezogen.
Das *Alzheimer-Therapie-Zentrum* (Leitung: Frau Dr. B. Romero; Adresse siehe Anhang) in Bad Aibling bietet drei- bis vierwöchige Rehabilitationsaufenthalte für Alzheimer-Patienten und einen Angehörigen an. Hier werden Patient und Angehöriger sowohl getrennt als auch gemeinsam betreut. Der Angehörige erhält für den Umgang mit dem Patienten und den Einsatz von biographischem Material im Alltag wichtige Anregungen. (Der Aufenthalt kann nach gesonderter Antragstellung in der Regel von den Krankenkassen bezahlt werden.)

Verhaltenstherapie: Bei chronischen Erkrankungen haben sich bewältigungsorientierte Verfahren bewährt. Auch bei Alzheimer-Patienten legt der verhaltenstherapeutische Ansatz einen Schwerpunkt auf die Förderung der Anpassung an die eingeschränkten Fähigkeiten und auf die Verbesserung von psychiatrischen Begleitsymptomen und Verhaltensproblemen. In München wurde von Ehrhardt und anderen das *Verhaltenstherapeutische Kompetenztraining (VKT)* entwickelt.[16] Es hat zum Ziel, die Patienten bei der Bewältigung der Diagnose zu unterstützen, vorhandene Ressourcen des Patienten zu fördern und der Entwicklung einer depressiven Symptomatik entgegenzuwirken. Das Training bedient sich dabei bekannter Bausteine aus der Verhaltenstherapie wie z.B. der Erstellung einer *Verhaltensanalyse* (genaue Beschreibung eines Problemverhaltens mit seinen vorausgehenden Bedingungen und daraus folgenden Konsequenzen), der *Psychoedukation* (Informationen über die Erkrankung für den Patienten und den Angehörigen), des *Aktivitätenaufbaus* (gezielte Planung und Förderung wohltuender Aktivitäten) und der *Modifikation dysfunktionaler Kognitionen* (Arbeit an der Veränderung von problemverstärkenden oder -aufrechterhaltenden Gedanken). Je nach Schwere der Erkrankung können unterschiedliche Module eingesetzt und kombiniert werden. Die Arbeit mit den Angehörigen nimmt mit zunehmendem Schweregrad der Erkrankung größeren Raum ein.

Angehörigenarbeit: Die Unterstützung und Beratung der pflegenden Angehörigen stellt einen wesentlichen Baustein in der Betreuung von Demenzpatienten dar, da entgegen der landläufigen Meinung der Großteil der Demenzpatienten zu Hause versorgt wird. Zunächst ist es wichtig, den Angehörigen Informationen über die Symptomatik und den Verlauf einer Demenzerkrankung zu vermitteln. Wenn bestimmte Verhaltensweisen des Patienten als Krankheitssymptome erkannt werden und nicht als Faulheit oder böser Wille, kann es bereits zu einer ersten Entlastung kommen. Darüber hinaus können dem Angehörigen Umgangsweisen mit Problemverhalten (z.B. Aggressivität), die sich bewährt haben, vermittelt werden. Dafür gibt es mittlerweile auch sehr gute Bücher für pflegende Angehörige (z.B. Buijssen, 1994[27]). Wichtig ist auch, dem Angehörigen Verständnis für die veränderte Erlebenswelt des Patienten zu vermitteln. So stellen viele Verhaltensweisen im Rahmen der begrenzten geistigen Möglichkeiten des Patienten einen Versuch der Lebensbewältigung dar. Allerdings ist für das Verständnis dieser veränderten Erlebenswelt eine Akzeptanz des mit der Demenzerkrankung einhergehenden Persönlichkeitsverlusts Voraussetzung. Dies wiederum erfordert eine Trauerarbeit und ein Abschiednehmen von der vertrauten Person und der bisher mit ihr gelebten Beziehung.
Ein weiterer Baustein der Angehörigenarbeit ist die Vermittlung äußerer Entlastung durch Pflegedienste, Tagesstätten und dergleichen. Wichtig dabei ist, dass die Angehörigen immer wieder Abstand von der Pflegesituation finden können. Zu empfehlen ist stets eine Teilnahme an einer Angehörigengruppe, in der sich Angehörige gegenseitig unterstützen, beraten und entlasten können. Bei der Alzheimer-Gesellschaft (Adresse s. Anhang) sind die Adressen und lokalen Ansprechpartner der Gruppen zu erfragen.
Die therapeutische Arbeit mit einem Demenzpatienten und seiner Familie erfordert zu verschiedenen Zeitpunkten der Erkrankung unterschiedliche Ansätze. Auch den unterschiedlichen Fragen und Bedürfnissen der Familien muss Rechnung getragen werden. Wichtigste Grundlage aber ist der verstehende Zugang zum demenzkranken Menschen[29], der die Ausdrucksformen des Demenzkranken als die ihm möglichen Mitteilungen seiner Bedürfnisse sieht und versucht, einfühlsam auf diese einzugehen.

[1] Lehr, U. (1991). Psychologie des Alterns. Heidelberg Wiesbaden: Quelle und Meyer.

[2] Bickel, H. (1999). Epidemiologie der Demenzen. In: Förstl, H., Bickel, H. & Kurz, A. (Hrsg). Alzheimer-Demenz – Grundlagen, Klinik und Therapie. Berlin, Heidelberg: Springer Verlag, S. 9–33.

[3] Dilling, H., Mombour, W. & Schmidt, M.H. (1993). Internationale Klassifikation psychischer Störungen. Weltgesundheitsorganisation. ICD-10 Kapitel V (F). Klinisch-diagnostische Leitlinien, 2. Aufl. Bern: Verlag Hans Huber.

[4] Saß, H., Wittchen, H.-U. & Zaudig, M. (1996). Diagnostisches und Statistisches Manual Psychischer Störungen DSM-IV. Übersetzt nach der 4. Auflage des Diagnostic and Statistical Manual of Mental Disorders der American Psychiatric Association. Göttingen: Hogrefe Verlag.

[5] McKhann, G. et al. (1984). Clinical diagnosis of Alzheimer's disease: Report of the NINCDS-ADRDA work group under the auspices of Department of Health and Human Services Task Force on Alzheimer's disease. Neurology, 34, 939–944.

[6] Shimamura, A. P. et al. (1995). Memory and cognitive abilities in university professors. Evidence of successful aging. Psychological Science, 6, 271–277.

[7] Lienert, G. A. (1961). Testaufbau und Testanalyse. Weinheim: Beltz Verlag.

[8] Celsis, P. (2000). Age-related cognitive decline, mild cognitive impairment or preclinical Alzheimer's disease? AnnMed, 32, 6–14.

[9] Tulving, E. (1995). Organization of memory: Quo vadis? In: Gazzaniga, M.S. (Hrsg). The new cognitive sciences. MIT, Cambridge MA, pp 839–847.

[10] Baddeley, A.D. (1992). Working memory. Science 255, 556–559.

[11] Jack C.R. et al. (1998). Rate of medial temporal lobe atrophy in typical aging and Alzheimer's disease. Neurology, 51, 993–999.

[12] Markowitsch, H.J. et al. (1999). Retrograde amnesia for world knowledge and preserved memory for autobiographical events. A case report. Cortex, 35, 243–252.

[13] Calabrese, P. et al. (1996). Right temporofrontal cortex as a critical locus for the ecphory of old episodic memory. Journal of Neurology, Neurosurgery and Psychiatry, 61, 304–310.

[14] Calabrese, P. & Förstl, H. (2001). Gedächtnisfunktionen und Gedächtnisstrukturen. In: Förstl, H. (Hrsg.). Demenzen in Theorie und Praxis. Berlin, Heidelberg: Springer Verlag, S. 7–22.

[15] Brun, A., Englund, B., Gustafson, L. et al. (1994). Clinical and neuropathological criteria for frontotemporal dementia. Journal of Neurology, Neurosurgery and Psychiatry, 57, 416–418.

[16] Markowitsch, H.J. (1997). Neuropsychologie des Gedächtnisses. In: Förstl, H. (Hrsg.). Lehrbuch der Gerontopsychiatrie. Stuttgart: Enke Verlag, S. 71–83.

17 Knowlton, B.J. et al. (1996). A Neostriatal Habit Learning System in Humans. Science, 273, 1399–1402.

18 Selkoe, D.J. (2001). Alzheimer's disease: Genes, Proteins, and Therapy. Physiol Rev, 81, 741–766.

19 Arendt, T. (1999). Pathologische Anatomie der Alzheimer-Krankheit. In: Förstl, H., Bickel, H., Kurz, A. (Hrsg.) Alzheimer-Demenz – Grundlagen, Klinik und Therapie. Heidelberg: Springer Verlag, S. 9–32.

20 Arzneimittelkommission der Deutschen Ärzteschaft (2001). Arzneiverordnung in der Praxis. AVP Sonderheft Demenz.

21 Ehrhardt, T. & Plattner, A. (1999). Verhaltenstherapie bei Morbus Alzheimer. Göttingen: Hogrefe Verlag.

22 Oswald, W.D., Rupprecht, R. & Gunzelmann, T. (1998). Das SIMA-Projekt: Effekte eines einjährigen kognitiven und psychomotorischen Trainings auf die Hirnleistungsfähigkeit im höheren Lebensalter. In: Kruse, A. (Hrsg). Psychosoziale Gerontologie. Bd. 2: Intervention. Göttingen: Hogrefe Verlag, S. 94–107.

23 Oswald, W. D., Hagen, B. & Rupprecht, R. (2001). Die SIMA-Studie: Training des Gedächtnisses und der Psychomotorik im Alter. In: K.J. Klauer (Hrsg.). Handbuch Kognitives Training, 2. Aufl. Göttingen: Hogrefe Verlag, S. 467–490.

24 Folsom, J. C. & Taulbee, L. R. (1986). Reality orientation for geriatric patients. Journal of Hospital and Community Psychiatry, 17, 133–135.

25 Feil, N. (1990). Validation – ein neuer Weg zum Verständnis alter Menschen. Delle Karth Verlag.

26 Romero, B. & Eder, G. (1992). Selbst-Erhaltungs-Therapie (SET): Konzept einer neuropsychologischen Therapie bei Alzheimer-Kranken: Zeitschrift für Gerontopsychologie und -psychiatrie, 5, 267–282.

27 Buijssen, H. (1994). Senile Demenz: Eine praktische Anleitung für den Umgang mit Alzheimer-Patienten. Weinheim: Psychologie Verlags Union.

28 Gunzelmann, T. & Schumacher, J. (1997). Psychologische Betreuungs- und Behandlungskonzepte für Demenzkranke. In: Weis, S. & Weber, G. (Hrsg.). Handbuch Morbus Alzheimer. Weinheim: Psychologie Verlags Union.

2

Von der Anamnese über die Testung zur Diagnose

2.1 Beitrag und Aufgaben der Neuropsychologie

Die subjektiven Klagen über Gedächtnisstörungen betreffen meistens eine mehr oder weniger stark ausgeprägte Vergesslichkeit. Die Beschwerden können entweder vom Betroffenen selber, von Angehörigen oder von beiden beschrieben werden. Die Angaben beider können dabei voneinander abweichen, so dass es notwendig ist, die Gedächtnisleistungen objektiv zu überprüfen bzw. zu testen. Dies geschieht mit Hilfe *psychometrischer Testverfahren*, die eigens zur Erkennung von Gedächtnisstörungen (sowie anderer kognitiver Symptome) bzw. zur Erfassung von Demenzen entwickelt wurden.

Die Diagnosekriterien (z.B. ICD-10) geben vor, dass mehrere kognitive Bereiche gestört sein müssen, darunter das Gedächtnis, die Sprache, die Praxie und die Urteilsbildung. Die anzuwendenden Testverfahren müssen einen Bezug zu diesen Funktionen aufweisen. Findet man auffällige Resultate, kann man sagen, dass dieser Teil der Diagnosekriterien erfüllt ist.

Bei schwerer Beeinträchtigung reicht ein Screening-Instrument bzw. der allgemeine Eindruck aus, um diese Aussage zu treffen. Insbesondere bei fraglichen oder leichten Fällen können ausführliche Testungen zur Beantwortung der Frage, ob auch objektiv Gedächtnisstörungen vorliegen, einen wertvollen Beitrag leisten.

Insgesamt ergeben sich für die Neuropsychologie vier **Hauptaufgaben bei der Demenzdiagnostik:**

- Früherkennung
- Beitrag zur Differentialdiagnose
- Verlaufsbeobachtung
- Erfassung des Schweregrades

Quantitative Testergebnisse und qualitative Beobachtungen müssen vor dem Hintergrund der subjektiven Beschwerden, der individuellen Krankheitsgeschichte und aktuellen Lebenssituation und im Rahmen der neurologischen, neuroradiologischen und labordiagnostischen Befunde interpretiert werden.

2.2 Art und Bedeutung von Frühsymptomen

Der neurodegenerative Prozess, der der Alzheimer-Demenz zugrunde liegt, beginnt wahrscheinlich bereits Jahrzehnte, bevor er sich in dem nach außen sichtbaren klinischen Bild manifestiert. Bevor die Demenz diagnostiziert werden kann, müssen messbare kognitive Defizite und eine Beeinträchtigung im alltäglichen Leben vorliegen. Zwischen dem Beginn der Entwicklung und dem Erreichen der Diagnoseschwelle liegt wahrscheinlich ein Kontinuum von kognitiver Leistungsminderung, das allmählich für den Betroffenen und die Angehörigen spürbar wird. In dieser Zeit tauchen typische Beschreibungen von Betroffenen bzw. Angehörigen über diskrete, aber dennoch beunruhigende Veränderungen auf, bei denen man hellhörig werden muss. Diese Berichte liegen häufig vor, **bevor** eine Störung in psychometrischen Verfahren messbar wird. Die Schilderungen können folgende Bereiche betreffen:

- *Sozialer Rückzug* (Schweigsamkeit in größeren Runden)
- *Interessenverlust* bzw. *Vereinfachung der Interessen* (es werden z.B. keine Romane mehr gelesen, sondern Bildbände angeschaut)
- *Aufgeben von Hobbys*
- *Schwierigkeiten bei komplexeren Tätigkeiten* (z.B. Steuererklärung ausfüllen)
- *Schwierigkeiten bei beruflichen Tätigkeiten* (Rückzug von geistig fordernden Aufgaben und Führungsaufgaben)
- *Depressivität*
- Häufigeres *Verlegen* und *Suchen von Dingen*
- *Unsicherheit bei Entscheidungen*
- *Verfahren oder Verlaufen in fremder Umgebung* (z.B. im Urlaub; kann zunächst nur ein Mal auftreten, wird aber als einschneidend erlebt)

Zu beachten ist, dass eine Überschneidung zu Symptomen besteht, die auch im Rahmen einer Depression auftreten können. Natürlich ist auch an eine Koinzidenz beider Erkrankungen zu denken, denn ein nicht unerheblicher Anteil von Demenzpatienten leidet an einer krankheitswertigen depressiven Symptomatik. Zur differentialdiagnostischen Entscheidung zwischen Depression und Demenz, die eine der wichtigsten und schwierigsten darstellt, müssen alle erhobenen Befunde sorgsam integriert werden.
Die Anwendung von Depressions-Skalen (z.B. Geriatrische Depressions-Skala und Hamilton Depressions-Skala; s. Kap. 7.4 bzw. Kap. 7.5) kann hier eine wichtige Hilfe sein. Speziell zur Erfassung typischer Veränderungen im täglichen Leben bei Patienten mit leichter Demenz wurde die Bayer Activities of Daily Living Scale (B-ADL) entwickelt. Sie eignet sich zur ergänzenden Erhebung von Frühsymptomen.

2.3 Kognitives Symptommuster und Testverfahren bei der Alzheimer-Demenz

Ein typisches Symptommuster bei leichter bis mittelschwerer Alzheimer-Demenz beinhaltet eine Störung im episodischen Gedächtnis, dem Gedächtnis für Ereignisse (hier insbesondere für kurz zurückliegende Ereignisse), Sprachstörungen im Bereich der Wortflüssigkeit und des Benennens und Störungen in der konstruktiven Praxie. Die **Symptomtrias**

1) **Episodisches Gedächtnis**
2) **Sprache**
3) **Konstruktive Praxie**

sollte daher unbedingt ausführlich erhoben werden. Nicht alle Patienten zeigen in allen drei genannten Gebieten Einbußen. Die Störungen im Bereich des episodischen Gedächtnisses, d.h. der Merkfähigkeit, sind in der Regel jedoch die ersten Anzeichen einer beginnenden Störung, die nachfolgenden Störungsbereiche können unterschiedlich früh betroffen sein.
Parameter des **verbalen Gedächtnisses (episodisches Gedächtnis)** stellen den sensitivsten Indikator für das Vorliegen einer Demenz dar. Hierbei ist vor allem die „*verzögerte Wiedergabe*“ von herausragender

Bedeutung[1, 2]. Bei dieser Aufgabenart muss der Proband das zuvor gelernte Material nach einigen Minuten, in denen er seine Aufmerksamkeit auf andere Aufgaben lenkt, noch einmal wiedergeben. Um das episodische Gedächtnis ausreichend zu beschreiben, sollte ein Verfahren außerdem die „sofortige Wiedergabe" des zu lernenden Materials in möglichst mehreren Lerndurchgängen und das „Wiedererkennen" des zuvor gelernten Materials erheben. Bei der Aufgabe des Wiedererkennens werden alte, gelernte Worte und neue, nicht gelernte Worte dargeboten, und der Patient muss entscheiden, welche ihm bekannt sind und welche nicht. Unterschiede in den Leistungen innerhalb des episodischen Gedächtnisses können unter Umständen differentialdiagnostische Hinweise liefern. Die meisten Testverfahren beinhalten zur Messung unterschiedlich lange Wortlisten.
Störungen im Bereich der **Sprache** sind ebenfalls ein wichtiges frühes diagnostisches Kriterium. Im Gespräch können sich Wortfindungsstörungen und eine Verarmung des Wortschatzes bemerkbar machen. Testaufgaben sind die „Wortflüssigkeitsaufgaben" und das „Benennen". Wortflüssigkeitsaufgaben sind neben Messungen des episodischen Gedächtnisses die sensitivsten Indikatoren für eine beginnende demenzielle Entwicklung.[3] Die Überprüfung ist kurz (5–10 Minuten), und sie ist leicht anzuwenden. Der Patient wird aufgefordert, in einer bestimmten Zeit so viele Wörter wie möglich zu produzieren, die einem bestimmten Kriterium genügen. Inhaltlich können diese Wörter entweder einer bestimmten semantischen Kategorie zugehören (z.B. Tiere) oder mit einem bestimmten Anfangsbuchstaben beginnen. Erstere wird als *semantische Wortflüssigkeit* bezeichnet, letztere als *phonemische*. Es hat sich gezeigt, dass die semantische Wortflüssigkeit besser geeignet ist, um Alzheimer-Patienten in einem frühen Krankheitsstadium von gesunden Kontrollen zu unterscheiden: Die Patienten nennen sehr viel weniger Wörter.[4] Beim „Benennen" (Überprüfung anhand von in der Regel abgebildeten Gegenständen, die benannt werden müssen) zeigen sich die *Wortfindungsstörungen*; hier liegen ebenfalls sehr früh Einbußen vor.
Im Bereich der **konstruktiven Praxie** werden in der Regel geometrische Figuren zum Abzeichnen vorgegeben. Je komplexer diese sind, desto eher wird eine Beeinträchtigung sichtbar. Zunächst können *dreidimensionale Strukturen* nicht mehr korrekt reproduziert werden. Eine typische Aufgabe beinhaltet das Abzeichnen eines Würfels

(Abb. 2-1A). Der *Uhrzeichentest* prüft ebenfalls konstruktiv praktische Fertigkeiten, das Einzeichnen der Uhrzeit jedoch verlangt abstraktes oder konzeptuelles Denken. Gelingt ein Abzeichnen der Uhrzeit, ein freies Zeichnen jedoch nicht, kann man eher von Einschränkungen im abstrakten Denken ausgehen als von Einschränkungen in der konstruktiven Praxie (Abb. 2-1B).

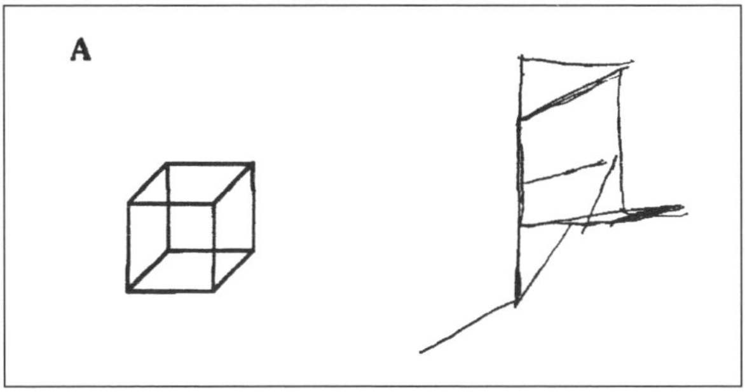

Abb. 2-1A Würfelzeichnung einer Patientin mit leichter Alzheimer-Demenz; die Dreidimensionalität ging bereits verloren.

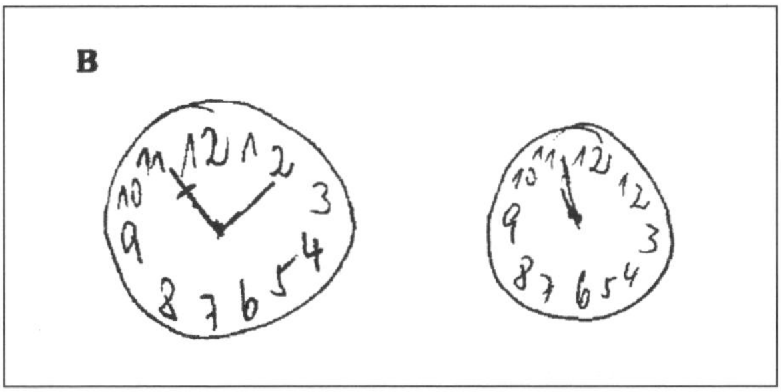

Abb. 2-1B Beide Uhren stammen von einer Patientin; die beiden Untersuchungszeitpunkte lagen 6 Monate auseinander. Erst bei der zweiten Untersuchung konnte die Diagnose einer Alzheimer-Demenz gestellt werden. Der Patientin war es nicht mehr möglich, die Uhrzeit (zehn Minuten nach elf) korrekt einzutragen.

Aufmerksamkeitsdefizite liegen ebenfalls sehr früh im Verlauf der Alzheimerschen Erkrankung vor, vor allem im Bereich der *komplexen geteilten Aufmerksamkeit*. Hier gilt es, die Aufmerksamkeit auf zwei

Dinge zu richten bzw. schnell zwischen ihnen zu wechseln. Überprüft wird dies zum Beispiel mit dem Trail Making Test, Teil B, in dem abwechselnd Buchstaben und Zahlen in aufsteigender Reihenfolge miteinander verbunden werden müssen.
Eine *Gedächtnisprüfung* sollte selbstverständlich Fragen zur Orientierung enthalten. Vor allem die *zeitliche Orientierung* ist sehr früh im Verlauf der Alzheimer-Demenz beeinträchtigt.
Eine angemessene Testbatterie sollte daher folgende Teile enthalten:

- Verbales/Episodisches Gedächtnis mit:
  - sofortiger Wiedergabe in drei Lerndurchgängen und mindestens 10 Wörtern je Lerndurchgang
  - verzögerter freier Wiedergabe
  - Wiedererkennen
- Wortflüssigkeit (semantisch)
- Benennen
- Konstruktive Praxie (inklusive dreidimensionaler Struktur)
- Abstraktes Denken (z.B. Sprichwörter erklären und Uhrentest)
- Geteilte Aufmerksamkeit (TMT, Teil B)

Für eine solche Testbatterie ist eine Testdauer von mindestens einer Stunde anzusetzen. Bei unklaren Fällen oder sehr früher Demenz bzw. Mild Cognitive Impairment (MCI) sind ausführlichere Erhebungen zu empfehlen. Sind das Gedächtnis plus mindestens eine weitere Funktion weit unterdurchschnittlich ausgeprägt (d.h. < 1,6 Standardabweichungen unter dem Mittelwert geschlechts- und altersgleicher Kontrollen), sind die neuropsychologischen Diagnosekriterien eines Demenzsyndroms erfüllt.
Sind die Ergebnisse trotz ausführlicher Erhebung unklar, muss in jedem Falle eine Wiederholungstestung nach einem Zeitraum von einigen Monaten durchgeführt werden. Die Verlaufsbeobachtung stellt dann das entscheidende Moment dar.
Eine Verlaufsbeobachtung empfiehlt sich davon unabhängig in jedem Falle, um Therapieeffekte überprüfen zu können. Die Überprüfung kann bei eventuellen Nachfragen der Krankenkassen zur Kostenübernahme der Therapie von Bedeutung sein. Davon abgesehen ist eine kontinuierliche Anbindung des Patienten, z.B. an eine Gedächtnisambulanz, eine wichtige Komponente in der Betreuung des Patienten und seiner Familie.

Sowohl für die Durchführung als auch vor allem für die Auswertung, Interpretation und Integration der Testergebnisse in den gesamtdiagnostischen Prozess bedarf es eines qualifizierten Hintergrundwissens.

2.4 Diagnostische Tricks aus der Praxis

Neben den messbaren Ergebnissen bietet das Verhalten des Patienten in der Untersuchungssituation einen großen diagnostischen Informationsgehalt. Erste Hinweise auf das Vorliegen der oben beschriebenen kognitiven Symptomtrias können durch Fragen und Beobachtungen während der Anamnese gewonnen werden.
Im **Verhalten** eines Patienten mit beginnender Demenz zeigt sich sehr häufig eine enorme Unsicherheit. Die Hilflosigkeit und Angst des Betroffenen angesichts der unbegreiflichen und tief greifenden Veränderungen, die mit ihm passieren, können förmlich spürbar werden. Daher sollte man immer bemüht sein, so viel Sicherheit und Ruhe wie möglich zu vermitteln. In jedem Fall kann diese große Unsicherheit einen ersten Hinweis auf eine tatsächlich vorliegende Gedächtnisstörung liefern. Sie kann sich beispielsweise zeigen, indem sich der Patient bei einfachen Fragen zur Biographie auffällig häufig Hilfe suchend an den beteiligten Ehepartner wendet oder indem der Patient häufig nachfragt sowie erst nach einer Latenz und dann nur wenig konkret antwortet.
Zur Gewinnung eines ersten Eindrucks der **Gedächtnisleistung** haben sich Fragen nach der Alltagsgestaltung des Patienten bewährt. Man kann den Patienten bitten, zu schildern, was er am vorangegangenen Tag getan hat. Hier fällt auf, dass sowohl die Chronologie als auch Details eines Tages verloren gehen. Das gilt auch, wenn er bestimmte Tätigkeiten genauer beschreiben soll. Hat er den „roten Faden" erst einmal verloren, kann er nicht wieder zum Ausgangspunkt zurückkehren. Ihm wichtig erscheinende Punkte werden demgegenüber wiederholt. Von Relevanz sind Fragen nach dem Alter und den Namen von Kindern und Enkelkindern. Hier können sehr schnell Unsicherheiten auftreten. Häufig sind die Geburtsjahre bekannt, aber es ist nicht möglich, das Alter herauszufinden. (Alle Angaben sollten bei den Angehörigen auf Richtigkeit überprüft werden.) Fragen nach geläufigen und

vertrauten Dingen wie der eigenen Adresse, der Telefonnummer oder dem Autokennzeichen können schnell Schwierigkeiten bereiten und sollten daher nicht fehlen, um sich einen ersten Eindruck zu verschaffen. Außerdem kann man den Patienten nach aktuellen politischen Ereignissen fragen. Hier wird er häufig nichts erinnern können oder ein Ereignis nur ungenau und bruchstückhaft beschreiben.

Im Bereich der **Sprache** kann ein einfacher Wortschatz auffallen, die Sätze sind kurz und knapp. Hellhörig muss man für nicht gefundene Worte sein, die geschickt umschrieben werden oder mit „dingsda" bezeichnet werden. Auch ist ein Abreißen des „roten Fadens" typisch, daher kommt es zu Themenwechseln, wobei die ursprüngliche Intention nicht wiedergefunden wird.

Im Bereich der **Praxie** hat sich eine Übung zur ideomotorischen Praxie bewährt: Man bittet den Patienten, eine bestimmte Bewegung zügig nachzumachen (Hände vor der Brust kreuzen, die Handflächen zeigen zum eigenen Körper; Abb. 2-2). Die Hände des Patienten sollen genau die gleiche Stellung einnehmen. Hier kommen Patienten sehr leicht durcheinander.

Für das **räumliche Vorstellungsvermögen** kann man sich eine Wegbeschreibung geben lassen, auch hier liegen häufig Unsicherheiten vor. Um einen Einblick in die Fähigkeit des Denkvermögens oder des

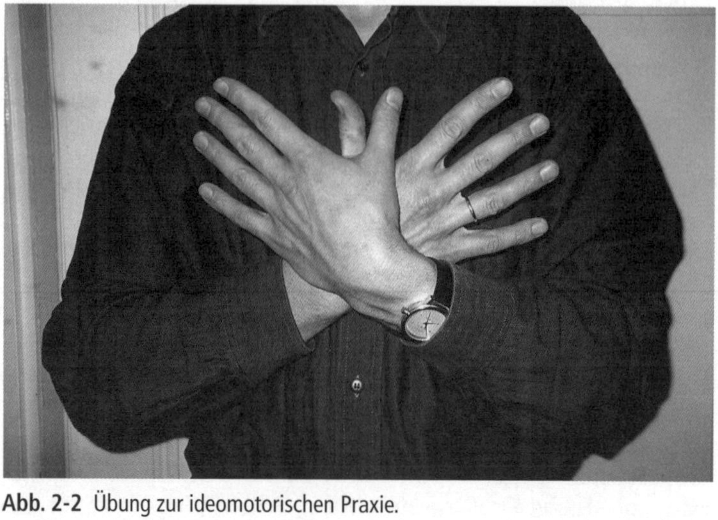

Abb. 2-2 Übung zur ideomotorischen Praxie.

abstrakten Denkens zu erhalten, kann man um die Erklärung bekannter Sprichwörter bitten. (Beispiel: „Sagen Sie bitte die übertragene Bedeutung des folgenden Sprichworts: Der Apfel fällt nicht weit vom Stamm.") Eine konkretistische Erklärung (z.B. „weil er neben den Baum fällt") ohne Erfassen der übertragenen Bedeutung weist auf eine deutliche Einschränkung des Denkvermögens hin, die besonders evident wird, wenn der Patient selbst nach kleinen Hinweisen den Sinn des Sprichworts nicht erfasst.

2.5 Differentialdiagnostische Möglichkeiten und Grenzen der Neuropsychologie

Grundsätzlich muss gesagt werden, dass noch kein Test existiert, der in der Lage ist, verschiedene Demenzformen eindeutig voneinander zu differenzieren. Bei differentialdiagnostischen Fragestellungen kann die Analyse des individuellen neuropsychologischen Ergebnisprofils Hinweise auf eine bestimmte Erkrankung liefern. Keinesfalls sollte eine Diagnose allein aufgrund einer Testung ohne neurologische und apparative Zusatzuntersuchungen erfolgen.
Es gibt jedoch typische Testauffälligkeiten bei verschiedenen Demenzformen, wenngleich bei deren Vorliegen eine andere Demenz nicht sicher ausgeschlossen werden kann.
Bei der **Alzheimer-Demenz** betrifft die Gedächtnisstörung sowohl das Lernen neuer Informationen (zu prüfen z.B. durch die freie Wiedergabe zuvor gelernter Wortlisten) als auch das Wiedererkennen der gelernten Inhalte (z.B. Wiedererkennen der zuvor gezeigten Wörter aus einer größeren Wortliste). Es bestehen also Defizite in der *sofortigen Wiedergabe*, der *verzögerten Wiedergabe* und im *Wiedererkennen.* Andere Erkrankungen, die eine Gedächtnisstörung mit sich bringen, betreffen im Gegensatz dazu hauptsächlich die Fähigkeit, gespeichertes Material abzurufen (*z.B. normales Altern, Depression, subkortikale Demenzen*), d.h. das Material ist grundsätzlich abgespeichert, nur der Zugriff gelingt nicht. Als Testergebnis würde hier einer schwachen Leistung in der verzögerten Wiedergabe eine gute Wiedererkennensleistung gegenüberstehen.
Vaskuläre Demenzen sind zu unterschiedlich in Ursachen und Erscheinungsbildern, als dass man für alle typische Veränderungen

beschreiben könnte. Subkortikale vaskuläre Demenzen können an Frontalhirnsyndrome erinnern, mit einer motorischen und kognitiven Verlangsamung, Motivationsstörungen, Aufmerksamkeitsstörungen, Störungen im problemlösenden Denken und affektiven Veränderungen. Im Gegensatz zu Alzheimer-Patienten kann bei vaskulären Demenzen die Abrufleistung durch die Vorgabe so genannter Hinweisreize („Cues") gesteigert werden, oder bei der freien Wiedergabe sind weniger Intrusionsfehler (Hinzufügen von vorher nicht genannten Wörtern) zu beobachten. Bestimmte Phänomene wie das „closing-in" (bei der Prüfung der konstruktiven Praxie das Hineinzeichnen in die Vorlage oder das Zeichnen der Kopie sehr nahe an die Vorlage) treten im Vergleich zur Häufigkeit bei der Alzheimer-Demenz nur selten auf.[5]

Bei der **Lewy-Körperchen-Demenz** fällt eine deutliche Fluktuation in der Testleistung auf.[6] Außerdem weisen diese Patienten große Beeinträchtigungen in *visuell-räumlichen* und *visuell-konstruktiven Leistungen* auf. Das Zeichnen einer Uhr fällt diesen Patienten mit oder ohne Vorlage gleich schwer. Alzheimer-Patienten können demgegenüber oft noch in fortgeschrittenen Stadien eine Uhr abzeichnen, das freie Zeichnen misslingt hingegen fast immer.

Im Rahmen einer **Depression** kann es zu objektiv messbaren kognitiven Beeinträchtigungen kommen, die *Gedächtnis, Aufmerksamkeit, kognitives Tempo und exekutive Funktionen* betreffen, die jedoch reversibel sein können. Hier ist die Verlaufsbeobachtung sehr wichtig. Im Profil zeigen sich Beeinträchtigungen zwar auch im freien Abruf, aber weniger im Wiedererkennen. Außerdem sind die kognitive Flexibilität und die Wortflüssigkeit beeinträchtigt. Die sprachliche Leistung „Benennen", die Orientierung und die Praxie sind dagegen eher unauffällig.

Diese und andere differentialdiagnostische Hinweise müssen in andere diagnostische Maßnahmen eingebunden werden. Derzeit wird viel an der Entwicklung von Profilen geforscht, so dass in Zukunft genauere Aussagen möglich sein werden.

2.6 Anamnese und Fremdanamnese

Die Anamnese und die Fremdanamnese müssen einen fundierten Überblick über den früheren und gegenwärtigen Funktionsstatus des Patienten auf folgenden Ebenen ergeben:

- *kognitive* Ebene
- *medizinische* Ebene
- *psychosoziale* Ebene
- *emotionale/psychiatrische* Ebene

Da Störungen in den Gedächtnisfunktionen die Möglichkeit des Patienten, Auskünfte zu geben, deutlich einschränken können, und eine mangelnde Einsicht in bestehende Defizite vorliegen kann, ist eine Fremdanamnese unabdingbar.
Für alle Ebenen ist es wichtig, zu entscheiden, ob sich eine Verschlechterung bzw. eine Veränderung im Vergleich zum vorherigen Status des Patienten ergeben hat, und wenn ja, seit wann diese Veränderung besteht, und wie sie sich entwickelt hat.
Für die **kognitive Ebene** sind dazu Angaben wie Schulbildung, Ausbildung und berufliche Position notwendig. Um die Gedächtnisleistungen im Alltag einschätzen zu können, sollten Fragen nach Vergesslichkeit und Konzentrationsstörungen, nach Wortfindungsstörungen und Störungen im Problemlösen, nach Schwierigkeiten in der zeitlichen und örtlichen Orientierung und nach Schwierigkeiten bei praktischen Tätigkeiten gestellt werden. Auch die Frage nach häufigem Verlegen und Suchen nach bestimmten Dingen sollte nicht fehlen. Für alle Veränderungen ist der Verlauf zu erheben. Bei leichten und unklaren Fällen sollten ein Schwerpunkt auf die typischen Frühsymptome gelegt und so viele wie möglich erfragt werden. Viele Angaben werden von den Angehörigen nicht spontan gemacht. Spricht man sie aber direkt darauf an, wird ihnen unter Umständen klar, dass gerade dort eine Veränderung vorliegt.
Auf der **medizinischen Ebene** sind im Gespräch alle Vorerkrankungen, vaskuläre Risikofaktoren, Seh- und Hörprobleme sowie vormalige und aktuelle Medikation zu erheben.
Informationen auf der **psychosozialen Ebene** beinhalten solche über Berufstätigkeit, Heirat, Kinder, Hobbys und Interessen usw. Von besonderer Wichtigkeit ist immer, ob in der letzten Zeit eine Verände-

rung in Richtung Rückzug, weniger Interesse oder kaum erklärlicher Unsicherheit gegenüber vor allem neuen Aktivitäten stattgefunden hat.
Auf der **psychiatrischen Ebene** sollten Angaben zu allen psychiatrisch relevanten Aspekten gesammelt werden. Hier sind vor allem die Depressionen zu nennen. Von Bedeutung sind Angaben wie Beginn, Schwere, Dauer, Behandlung usw. Selbstverständlich sind auch andere Verhaltensauffälligkeiten von Bedeutung wie Unruhe, Aggressivität, Wahnvorstellungen und Halluzinationen. Auch nach Persönlichkeitsveränderungen sollte unbedingt gefragt werden, zumal diese den Gedächtnisstörungen vorausgehen können. Es ist bekannt, dass Verhaltensprobleme auf Seiten des Patienten extrem zur Belastung der pflegenden Angehörigen beitragen.
Jede Anamnese bzw. Fremdanamnese muss weiterhin Angaben zur **Familienanamnese** enthalten.

Da es sich hier um eine Fülle von Themen und Fragen handelt, ist es sicherlich sinnvoll, sich vorher Fragen zu den verschiedenen Themenkreisen zu überlegen und einen eigenen kurzen Erhebungsbogen zusammenzustellen. Die Erfahrung zeigt, dass man nur so nichts Wichtiges vergisst. Eine andere Möglichkeit ist selbstverständlich, auf vorhandene Bögen zurückzugreifen. Im Cambridge Examination for Mental Disorders of the Elderly (CAMDEX) ist eine strukturierte Fremdanamnese enthalten, die als Grundlage sehr zu empfehlen ist (s. Kap. 5.3).

2.7 Medizinische Diagnostik

Testbefunde dürfen nur im Kontext mit zusätzlichen Untersuchungsbefunden zu einer Diagnose führen. Weitgehend vermeiden sollte man besonders bei fortgeschritteneren Demenzen die stationäre Aufnahme in eine Klinik zur reinen Diagnostik. Der für Demenzpatienten sehr wichtige stabilisierende und strukturierende Faktor der Kontinuität von Umgebung und Tagesablauf geht dadurch verloren. Unruhige Patienten können noch unruhiger werden, die Desorientierung kann zunehmen, sedierende Medikamente sind dann zeitweise nicht zu vermeiden. Nicht selten führt eine stationäre Aufnahme zu einer dauer-

haften Verschlechterung der Demenz. Manchmal kann die weitere häusliche Versorgung nach einem Klinikaufenthalt nicht mehr sichergestellt werden.
Deshalb kam es in den vergangenen Jahren zunehmend zur Einrichtung spezialisierter Gedächtnissprechstunden, die eine zeitgemäße Diagnostik in einem ambulanten Untersuchungsablauf bieten. Optimal ist die Diagnostik an einem Tag (Tab. 2-1).

Tab. 2-1 Praktischer Untersuchungsablauf einer Gedächtnissprechstunde (modifiziert nach Zerfaß et al., 1997).[7]

Zeit	Patient	Angehörige
8.30 Uhr	Blutentnahme	
9.00 Uhr	Anamnese, Testung	
10.30 Uhr	EEG	Strukturierte Fremdanamnese z.B. nach CAMDEX (s. Kap. 5.3)
11.00 Uhr	CCT oder MRT	
13.00 Uhr	Dopplersonographie	
14.00 Uhr	Abschlussgespräch mit Patient und Begleitperson	

Bei der Erhebung des neurologischen Befundes ist zu beachten, dass isolierte **körperliche Untersuchungsbefunde**, die im Präsenium als Hinweise auf pathologische Zustände zu werten wären, im Senium zurückhaltend beurteilt und im Kontext anderer Befunde gesehen werden müssen. Eine schlechter wahrnehmbare Pupillenreaktion, eine Einschränkung der vertikalen Blickbewegung, eine Abnahme des Vibrationsempfindens und der Bauchhautreflexe sind häufig. Bedeutsam dagegen sind fokale Störungen (Gesichtsfelddefekte, sensorische oder motorische Hemiparesen, Asymmetrien der Muskeleigenreflexe, einseitiger Babinski-Reflex) oder bestimmte Symptomkombinationen:

- Rigor, Tremor, Hypokinese, z.B. *Morbus Parkinson*
- Demenz, Inkontinenz, Gangstörungen, z.B. *Normaldruck-Hydrozephalus*

- Rasche Progredienz, Myoklonus, Ataxie, pyramidal- und extrapyramidalmotorische Symptome sowie steile Abläufe im EEG z.B. *Creutzfeldt-Jakob-Erkrankung*

Computer- oder Magnetresonanz-Tomographie sind unabdingbare Elemente der Demenzdiagnostik. Eine einmalige Untersuchung ist obligat, bei leichten und diagnostisch unklaren Demenzen ist eine Verlaufsuntersuchung angebracht. Sind aufgrund von Anamnese und Befund Veränderungen im Bereich des Hirnstamms zu vermuten, so ist ein MRT vorzuziehen. Die Untersuchungen sind besonders geeignet zum Nachweis

- von *spezifischen Demenzursachen* mit charakteristischen morphologischen Veränderungen (z.B. vaskuläre Veränderungen, intrakraniale Raumforderungen, Herpesenzephalitis, Normaldruck-Hydrozephalus)
- des *Verteilungsmusters der Hirnatrophie* (z.B. Hippokampusatrophie bei der Alzheimer-Demenz; Frontallappendegeneration; kortikobasale Degeneration; olivopontozerebelläre Atrophie)
- von *Liquoraufstau* vor einer geplanten Lumbalpunktion (z.B. durch Tumor, Blutung).

Eine Funktionsuntersuchung mit **SPECT** und **PET** kann selten einmal bei Verdacht auf eine vaskuläre Demenz oder fokale Hirnatrophie indiziert sein, falls sich im CT oder MRT keine ausreichenden Anhaltspunkte für entsprechende strukturelle Hirnveränderungen ergeben. Aufgrund der niedrigen Belastung der Patienten und der breiten Verfügbarkeit darf die Indikation zum **EEG** großzügig gestellt werden. Besonders nützlich ist das konventionelle EEG zur Abgrenzung von

- zerebralen Anfällen (steile Abläufe je nach Anfallstyp)
- Enzephalitiden, metabolischen Enzephalopathien und anderen Delirien (Allgemeinveränderung, triphasische Wellen).

Eine ausgeprägte Allgemeinveränderung bei leichter Demenz spricht gegen eine primär degenerative Demenz und für das Vorliegen einer behandelbaren Ursache. Mit modernen quantitativen Verfahren der EEG-Analyse ist ein Beitrag zur Unterscheidung zwischen normalem Altern und Alzheimer-Demenz schon vor dem Eintritt späterer Stadien mit deutlicher Allgemeinveränderung möglich.[8]

Eine **Dopplersonographie** oder **eine farbkodierte Duplexsonographie der hirnzuführenden Gefäße** wird nur in wenigen Zentren bei Demenzverdacht in der ambulanten Routine durchgeführt, wenngleich eine breitere Anwendung durchaus wünschenswert wäre. Differentialdiagnostische Hinweise sind vor allem beim Verdacht auf eine vaskulär bedingte Demenz zu erwarten, während die Befunde bei einer Alzheimer-Demenz oftmals keine wesentlichen Auffälligkeiten zeigen.[9]
Die **klinisch-chemischen Laboruntersuchungen** zielen nicht nur auf den Nachweis der alleinigen Demenzursachen, sondern auch auf behandelbare Teilursachen oder Begleiterkrankungen, z.B. Diabetes mellitus oder Hyperlipidämien. Neue molekulargenetische Risiko- und Diagnosemarker für die Alzheimer-Demenz und andere genetisch determinierte Demenzen werden künftig bei einem Teil der Patienten zu differentialdiagnostischen Entscheidungen beitragen. Ihr praktischer Einsatz ohne Zustimmung der Patienten bzw. der Angehörigen und ohne entsprechende Beratung ist unverantwortlich.
Die nur in wenigen Fällen gegebene Notwendigkeit einer **Liquordiagnostik** stellt eine Indikation für eine stationäre Behandlung dar. Durchgeführt werden sollte sie beim

- atypischen demenziellen Syndrom mit rascher Progredienz,
- bei Hinweisen auf Entzündungen, Infektionen und Neoplasmen (Cave! Hirndruck)
- und zur präoperativen Diagnostik bei einem Normaldruck-Hydrozephalus.

2.8 Empfehlung zum Demenz-Screening im Praxisalltag

Da alle diagnostischen Maßnahmen in dieser Ausführlichkeit im Praxisalltag kaum durchführbar sind, empfiehlt sich folgendes Vorgehen: Bei Klagen eines Patienten oder der Angehörigen über Gedächtnisstörungen kann in der Praxis ein kurzes Demenz-Screening durchgeführt werden. Bewährt hierfür hat sich die Kombination aus MMSE, Uhrentest und einer Wortflüssigkeitsaufgabe. Dieses Screening nimmt ca. 10–15 Minuten in Anspruch. Liegen hier Auffälligkeiten oder Unklarheiten vor, sollte der Patient ausführlich neuropsychologisch getestet werden, und es sollte nach Möglichkeit eine Bildgebung durchgeführt werden. Am besten ausgestattet hierfür sind die Gedächtnissprechstunden oder -ambulanzen. Dort müssen allerdings häufig längere Wartezeiten in Kauf genommen werden. Derzeit entstehen viele neue Gedächtnisambulanzen, über aktuelle Adressenlisten verfügt die Alzheimer Gesellschaft (Adresse sowie Internetadresse siehe Anhang).

---

[1] Welsh, K.A. et al. (1991). Detection of abnormal memory decline in mild cases of Alzheimer's disease using CERAD neuropsychological measures. Archives of Neurology, 48, 278–281.

[2] Welsh, K.A. et al. (1992). Detection and Staging of Dementia in Alzheimer's Disease. Archives of Neurology, 49, 448–452.

[3] Storandt, M. et al. (1984). Psychometric differentiation of mild senile dementia of the Alzheimer's type. Archives of Neurology, 41, 497–499.

[4] Monsch, A. U. et al. (1992). Comparisons of verbal fluency in the detection of dementia of the Alzheimer type. Archives of Neurology, 49, 1253–1258.

[5] Pasquier, F. (1999). Early diagnosis of dementia: neuropsychology. Journal of Neurology, 246,6–15.

[6] Snowden, J. S. (1999). Neuropsychological evaluation and the diagnosis and differential diagnosis of dementia. Reviews in Clinical Gerontology, 9, 65–72.

[7] Zerfaß, R., Daniel, S. & Förstl, H. (1997). Grundzüge des diagnostischen Vorgehens bei Demenzverdacht. In: Förstl, H. (Hrsg.). Lehrbuch der Gerontopsychiatrie. Stuttgart: Ferdinand Enke Verlag.

[8] Besthorn, C., Zerfaß, R., Geiger-Kabisch, C., Sattel, H., Daniel, S., Schreiter-Gasser, U. & Förstl, H. (1997). Discrimination of Alzheimer's disease and normal aging by EEG data. Electroencephalography & Clinical Neurophysiology, 103, 241–248.

[9] Biedert, S., Förstl, H. & Hewer, W. (1995). Multiinfarct dementia vs Alzheimer's disease: sonographic criteria. Angiology, 46(2), 129–135.

3 Liquidation von Demenztests

3.1 Die grundsätzliche Problematik

Es ist in der Literatur unstrittig, dass psychometrische Testverfahren zur zeitgemäßen Diagnose einer Demenz und zur Objektivierung des Krankheitsverlaufs unerlässlich sind. Dies geht beispielsweise aus der aktuellen Therapieempfehlung „Demenz" (AkdÄ, 2001)[1] oder aus den aktuellen Lehrbüchern zum Thema Demenz hervor (z.B. Förstl, 2001)[2]. Zudem werden seitens der Krankenkassen immer häufiger objektive Testverfahren zur Begründung aufwändiger Therapieverfahren (z.B. Hirnleistungstraining) verlangt. Auf den ersten Blick verwundert dann die Tatsache, dass 1995 pro Demenzpatient durchschnittlich nur 0,03 Tests durchgeführt wurden.[3] Damit kam damals jährlich nur etwa jeder dreißigste Demenzpatient in den Genuss einer wie auch immer gearteten Testung. Im selben Zeitraum wurden zum Vergleich pro Demenzpatient durchschnittlich zwei Verordnungen für periphere Vasodilatatoren und 1,8 Verordnungen für Psychostimulantien ausgestellt. Auf der Suche nach Ursachen für die Diskrepanz zwischen Empfehlungen und Praxis fallen besonders unzureichende Liquidationsmöglichkeiten für Demenztests auf.

Das Dilemma kann in zwei Punkten zusammengefasst werden:

1. Die deutschen Leistungskataloge entsprechen nicht den Bedürfnissen von Demenzpatienten.
2. Wenn eine Liquidation erfolgt, deckt sie zumeist nicht die Kosten.

Begründung: Prinzipiell kann die Kassenärztliche Vereinigung (KV) die Liquidation jedes Tests ablehnen, der nicht explizit im Leistungskatalog aufgeführt ist. Gedächtnissprechstunden können im Rahmen einer Tätigkeit als Spezialambulanz in Einzelfällen Sonderkonditionen mit den Kassen aushandeln. Meistens werden jedoch die einzelnen Ziffern abgerechnet. Deren Liquidation ist dann eine „Kann-Entscheidung" der KV, da keines der gängigen und modernen Demenz-Testverfahren im Gebührenkatalog aufgeführt ist. Aber selbst wenn durchgeführte Tests liquidiert werden, bedeutet das noch nicht, dass sie rentabel durchgeführt werden können.

Zwei Rechenbeispiele aus der Praxis:

- Der gebräuchlichste Demenz-Kurztest Mini-Mental State Examination (MMSE): Seine Durchführung (ohne diagnostische Einstufung, Dokumentation etc.) dauert etwa 10 Minuten. Abhängig vom Punktwert erbringt dieser Test bei einem AOK-Patienten (EBM-Ziffer 890) einen „Brutto-Erlös“ von etwa 2,50 €.
- Die CERAD-Testbatterie ist als Basisinstrument der deutschsprachigen Gedächtnissprechstunden entsprechend verbreitet. Auch dieser Test ist in den Leistungskatalogen nicht aufgeführt. Die Durchführungsdauer beträgt, je nach Beeinträchtigung des Patienten, etwa 30 bis 45 Minuten. Für die Auswertung, Interpretation und Dokumentation muss man etwa eine Viertelstunde veranschlagen. Der Brutto-Erlös dieses Testes beträgt bei einem AOK-Patienten (sofern die „Kann-Entscheidung“ angewendet wird) etwa 10,– € (EBM-Ziffer 892).

Unter diesen Bedingungen ist die Rentabilität der Demenztestung in der Praxis in Frage zu stellen. Es ist daher unschwer nachvollziehbar, dass auch heute noch, also in den Zeiten der Evidence-Based-Medicine, eine Testung zur Diagnosestellung einer Demenz eher die Ausnahme ist. Die unzureichende Abrechenbarkeit ist ein Hemmnis bei der Diagnosestellung und trägt zur hohen Dunkelziffer nicht diagnostizierter und damit nicht behandelter und unterversorgter Demenzpatienten bei.

3.2 Abrechnung bei Mitgliedern der gesetzlichen Krankenkassen

Laut dem „Einheitlichen Bewertungsmaßstab 2001“[4] können bei Mitgliedern der gesetzlichen Krankenkassen folgende Tests abgerechnet werden:

890 Anwendung und Auswertung von Fragebogentests (**z.B**. MPI, IPQ, Hanes, FPI, Gießen-Test), bis zu zwei Tests je Behandlungsfall

891 Anwendung und Auswertung orientierender Testverfahren (Raven-Test, Wartegg-Zeichentest, Haus-Baum-Mensch, Rosenzweig, Benton, D_2), bis zu drei Tests je Behandlungsfall

892 Anwendung und Auswertung von Funktionstests (**z.B.** GFT, Frostig, KTK, DRT) mit schriftlicher Aufzeichnung, je Test bis zu drei Tests im Behandlungsfall

895 Anwendung und Auswertung projektiver Testverfahren (CAT, Schwarzfuß, Sceno, TAT- oder Rorschach-Kurzform) mit schriftlicher Aufzeichnung

896 Anwendung und Auswertung standardisierter Intelligenz- und Entwicklungs-Tests (HAWIE (K)-R, IST/Amtauer, Kramer) mit schriftlicher Aufzeichnung, insgesamt im Behandlungsfall

897 Anwendung und Auswertung aufwändiger projektiver Testverfahren (Rorschach-Test, TAT) mit schriftlicher Aufzeichnung

Anmerkung: Die Aufzählung der Tests für die Ziffern 891, 895, 896, 897 ist ausschließlich. Es können hier nur die angeführten Tests abgerechnet werden. Die Aufzählung der Tests für die Ziffern 890 und 892 ist beispielhaft. Es können auch andere, in der Gebührenordnung nicht näher genannte Tests, abgerechnet werden.
Das bedeutet, dass ein nicht aufgeführter Test maximal mit der Ziffer 892 abgerechnet werden kann.
Wichtiger praktischer Tipp: Die meisten Tests sind Testbatterien oder können zumindest als solche aufgefasst werden (z.B. besteht die CERAD aus dem Boston-Naming-Test, dem Mini-Mental State Test, einem Wortflüssigkeitstest, verschiedenen Gedächtnistests und Tests zur Visuokonstruktion). Es sollte versucht werden, die Tests getrennt abzurechnen, um eine bessere Kostendeckung zu erreichen. Nicht vergessen werden dürfen die übrigen Leistungen, die natürlich auch optimiert werden müssen (s. Kap. 3.5).

3.3 Abrechnung bei Wahlleistungspatienten (GOÄ)

Die Abrechnungsmöglichkeiten sind hier besser als bei den Kassenpatienten. Es können insgesamt zwar weniger Ziffern abgerechnet werden, diese werden aber besser liquidiert. Ein kostendeckendes Arbeiten ist bei guter Organisation möglich.

Entsprechend der Gebührenordnung für Ärzte[5] sind bei Wahlleistungspatienten folgende Tests mit den angeführten Ziffern abrechenbar:

Geb.-Nr.	Neurologie, Psychiatrie und Psychotherapie G
855	Anwendung und Auswertung projektiver Testverfahren (z.B. Rorschach-Test, TAT) mit schriftlicher Aufzeichnung
856	Anwendung und Auswertung von standardisierten Intelligenz- und Entwicklungstests (Staffeltests oder HAWIE (K), IST/Amthauer, Bühler-Hetzer, Binet-Simon, Kramer) mit schriftlicher Aufzeichnung, insgesamt
857	Anwendung und Auswertung orientierender Testuntersuchungen (z.B. Fragebogen nach Eysenck, MPQ oder MPI, Raven-Test, Sceno-Test, Wartegg-Zeichen-Test, Haus-Baum-Mensch, mit Ausnahme des so genannten Lüscher-Tests)

Nach eigener Erfahrung hat sich in der Gedächtnissprechstunde mit umfangreichem Testinventar die zweifache Abrechnung von Ziffer 856 und die dreifache Abrechnung von Ziffer 857 bewährt. Bei der Anwendung einzelner Screening-Tests in der Praxis sollten, je nach Umfang, die Ziffern 856 oder 857 abgerechnet werden. Als „projektives Verfahren“ (Ziffer Nr. 855) kann ein Demenztest unseres Erachtens nicht interpretiert werden.

Auch Psychotherapeuten und Psychotherapeutinnen können seit dem Inkrafttreten des Psychotherapeutengesetzes am 25.06.2000 nach der Gebührenordnung für Ärzte abrechnen. Für sie gelten die Kapitel B

(Grundleistungen und allgemeine Leistungen) und G (Neurologie, Psychiatrie und Psychotherapie) der Gebührenordnung für Ärzte (Kommentar zur Gebührenordnung für Psychotherapeuten, 2001).[6]
Wichtiger praktischer Tipp: Abrechnung von Testbatterien wie unter Kap. 3.2 beschrieben. Zur Optimierung der übrigen Abrechnungen neben der Testung s. Kap. 3.5.

3.4 „IGeL-Leistungen"

Die Kassenärztliche Bundesvereinigung (KBV) hat am 18. März 1998 in Abstimmung mit den ärztlichen Berufsverbänden einen Katalog sogenannter „Individueller Gesundheitsleistungen (IGeL)" als Auslegungshilfe vorgestellt. Hintergrund ist die Tatsache, dass es ärztliche Leistungen gibt, die nicht zum Leistungsumfang der gesetzlichen Krankenversicherung gehören, die aber trotzdem vom Patienten gewünscht werden und medizinisch sinnvoll und empfehlenswert sind. Die heute gebräuchlichen und standardisierten Demenztests sind in den Leistungskatalogen der gesetzlichen Krankenkassen nicht aufgeführt. Deren Durchführung kann somit im Sinne einer IGeL-Leistung interpretiert werden. Zudem erfüllt die Durchführung einer Testung bei Gesunden die Kriterien von IGeL-Leistungen.
Grundsätzlich muss kritisch bemerkt werden, dass eine IGeL-Leistung in vielen Fällen nichts anderes ist als die legale Auslagerung der Kosten für sinnvolle medizinische Leistungen aus den gesetzlichen Krankenkassen heraus auf den Patienten und auf dessen Familie. „Wohlwollend" betrachtet (Kann-Leistung, s. Kap. 3.1.) könnten einige dieser Leistungen als Kassenleistung interpretiert werden.

Wichtig: Bewertungsmaßstab für die Abrechnung von IGeL-Leistungen ist die Gebührenordnung für Ärzte (GOÄ). Auch IGeL-Leistungen können, wenn sie nicht in der GOÄ aufgeführt sind, entsprechend einer Analogziffer aus der GOÄ abgerechnet werden.

Damit können IGeL-Leistungen im Rahmen der normalen Steigerungssätze (z.B. 2,3fach) berechnet werden. Manche Patienten haben eine private IGeL-Zusatzversicherung. Bei diesen Patienten ist zu beachten, dass sie häufig nicht die vollen GOÄ-Sätze erstattet bekommen. Hierüber sollte der Patient aufgeklärt werden. Nach oben endet die Preisspanne beim Gebührenhöchstsatz der GOÄ. In einer empfehlenswerten Übersicht empfiehlt Krimmel (1998)[7] den 1,7fachen Satz. Auch bei IGeL-Leistungen muss beim Überschreiten des Schwellenwertes (z.B. 2,3fach) in der Rechnung eine Begründung angegeben werden.

Nach unten ist der Einfachsatz (1,0fach) die Grenze. Wer diese Grenze unterschreitet, verstößt nicht nur gegen das Gebührenrecht, sondern auch gegen das Gesetz gegen unlauteren Wettbewerb (§ 1 UWG-Gesetz). Die gemeinsame Festlegung von Ärzten auf die Höhe des IGeL-Honorars ist nicht erlaubt. Daher sollten keinesfalls irgendwelche schriftlichen Absprachen mit Kollegen erfolgen. Jeder einzelne Arzt muss sich für die Festlegung seines Honorars sozusagen am Markt orientieren.

Ein Patient muss vor der Durchführung der Leistung aufgeklärt werden. Darüber hinaus muss ein schriftlicher Vertrag über die durchzuführenden Leistungen mit dem Patienten geschlossen werden. Nur dann ist der Arzt berechtigt, eine entsprechende Honorarforderung zu stellen (§ 18 Bundesmantelvertrag).

Der Vertrag sollte folgende Inhaltspunkte haben:

- Die Ärztin/der Arzt hat darüber aufgeklärt, dass die Behandlung nicht Bestandteil der vertragsärztlichen Versorgung ist.
- Die Patientin/der Patient wurde darüber informiert, dass die Leistungen weder ganz noch teilweise von der Krankenkasse erstattet werden können.
- Auflistung der zu erbringenden IGeL-Leistungen unter Angabe der entsprechenden GOÄ- bzw. Analogziffer und des Steigerungssatzes.
- Angabe der Honorarhöhe.
- Erklärung, dass die Behandlung auf Wunsch des Patienten erfolgt ist.
- Erklärung muss von beiden Vertragspartnern (Arzt und Patient) unterschrieben und mit Datum versehen sein.

Ein Mustervertrag könnte also folgendermaßen aussehen:

> VEREINBARUNG ÜBER PRIVATÄRZTLICHE BEHANDLUNG
>
> Patient: ....
> Betreuer: ....
>
> Durchzuführende Untersuchungen: ....
> GOÄ-Ziffer: ....
> Voraussichtliches Honorar: ....
>
> Die o.g. Behandlung erfolgt auf meinen ausdrücklichen Wunsch und auf meine Kosten.
>
> Ich wurde darauf aufmerksam gemacht, dass die Untersuchung keine Kassenleistung ist und die Kosten damit nicht von meiner Krankenkasse getragen werden. Die Leistungen werden mir nach der Gebührenordnung für Ärzte (GOÄ) in Rechnung gestellt und sind von mir direkt zu begleichen.
>
> Ort, Datum: ....
>
> Unterschrift Patient: ....
>
> Unterschrift Betreuer/Angehörige: ....
>
> Unterschrift Arzt: ....

3.5 Beispiele für eine sinnvolle Abrechnung

Patient 1: AOK-Patient

Sie haben den Verdacht auf eine Demenz und machen als Screening einen MMSE und einen Uhrentest. Sie untersuchen den Patienten gründlich körperlich, erheben eine Fremdanamnese. Mit dem Hausarzt des Patienten führen Sie ein Telefonat zur Objektivierung des bisherigen Krank-

heitsverlaufs. Nach der Diagnosestellung beraten Sie den Patienten und die Ehefrau ausführlich. Dem Hausarzt schreiben Sie einen Arztbrief.

Abrechnungsvorschlag:	1	Ordinationsgebühr
	800	Neurologische Untersuchung
	19	Fremdanamnese
	890	Mini-Mental State Examination
	892	Uhrentest
	17	Erörterung der Folgen der Erkrankung für die Lebensgestaltung mind. 10 Min.
	18	Erörterung der Folgen der Erkrankung für die Lebensgestaltung mind. 30 Min. (17 + 18 abrechnen)
	42	Konsiliarische Erörterung; Telefonat mit Hausarzt
	78	Arztbrief
	7120	Porto

Patient 2: Wahlleistungspatient

Ansonsten gleiche Bedingungen wie Patient 1.

Abrechnungsvorschlag:	3	Eingehende Beratung
	4*	Fremdanamnese
	8	Ganzkörperstatus
	15*	Einleitung flankierender therap. oder sozialer Maßnahmen
	34*	Erörterung (20 Min.) der Auswirkungen auf die Lebensgestaltung
	60	Konsiliarische Erörterung zwischen 2 Ärzten
	75	Ausführlicher Bericht
	856	Mini-Mental State Examination
	857	Uhrentest

*Die Ziffern 4, 15 und 34 können nicht nebeneinander abgerechnet werden. Man muss sich bei einer einmaligen Untersuchung also für eine der Ziffern entscheiden. Den höchsten Bewertungsmaßstab hat die Ziffer 34. Als mögliche Kombination kommen für diesen Fall also folgende Ziffern in Frage: 3, 8, 34, 60, 75, 856, 857.

Patient 3:

Der Patient befürchtet, an einer Alzheimer-Demenz zu leiden und möchte einen „Hirnleistungscheck" durchgeführt haben. Sie haben keinen unmittelbaren Demenzverdacht. Sie entschließen sich nach Absprache mit dem Patienten zur Durchführung von IGeL-Leistungen. Nach Unterzeichnung der entsprechenden schriftlichen Vereinbarung führen Sie den Ihnen bekannten Syndrom-Kurz-Test (SKT), einen Mini-Mental State Test und den Uhrentest durch.

Abrechnungsvorschlag:	2 × 856	Mini-Mental State Examination, SKT
	857	Uhrentest

Der Patient erhält zeitnah eine Rechnung über die Leistungen entsprechend der GOÄ (1,7facher Satz).

[1] Arzneimittelkommission der Deutschen Ärzteschaft: Therapieempfehlung Demenz, 2. Auflage 2001 (Download im Internet unter http://www.akdae.de).

[2] Förstl, H. (Hrsg.) (2001). Demenzen in Theorie und Praxis. Berlin, Heidelberg: Springer Verlag.

[3] Schwarz et al. (1999). Value in Health, 2 (5), S. 353 (AOK Dresden Riesa).

[4] Einheitlicher Bewertungsmaßstab (EBM) (2001). Köln: Deutscher Ärzte Verlag.

[5] Gebührenordnung für Ärzte (GOÄ) / UV-GOÄ (2001). Köln: Deutscher Ärzte Verlag.

[6] Best, D. et al. (2001). Kommentar zur Gebührenordnung für Psychotherapeuten (GOP). Köln: Deutscher Ärzte Verlag.

[7] Krimmel, L. (1998). Kostenerstattung und individuelle Gesundheitsleistungen. Köln: Deutscher Ärzte Verlag. (Neuerscheinung im Dez. 2001).

4 Tipps für die Testdurchführung

Für die praktische Testdurchführung mit Demenzpatienten ergeben sich einige Punkte, die man beachten und auf die man vorbereitet sein sollte.

Grundsätzlich sollte man sich im Klaren sein, dass man während der gesamten Testung ausführlich und tief in die Schwächen des Patienten hineinbohrt. Für den Patienten ist das eine hochgradig unangenehme Situation. Nimmt man darauf keine Rücksicht, ist das Risiko hoch, dass sich Betroffene schlichtweg weigern, an der Untersuchung teilzunehmen.

Wichtig ist, bei jeder Testung mit dem Patienten allein zu sein. Angehörige neigen dazu, kritisierend oder helfend einzugreifen. Außerdem ist es für den Patienten selbst vor den Angehörigen unangenehm, unter Umständen die einfachsten Fragen nicht beantworten zu können. Es gilt, die Testsituation für den Patienten so angenehm wie möglich zu gestalten, denn umso besser ist die Motivation zur Mitarbeit.

Vor jeder Testung sollten der Sinn der Untersuchung erklärt und das Vorgehen begründet werden. So kann man mit wenigen Sätzen Unsicherheiten abbauen und die Motivation zur Mitarbeit erhöhen. Es kann durchaus sein, dass man die Erklärung mehrmals während der Testung wiederholen muss, wenn diese wieder vergessen wurde.

Außerdem muss vor Beginn jeder Testung sichergestellt sein, dass der Patient ausreichend sehen und hören kann bzw. Brille und Hörgerät vorhanden sind. Planen Sie genügend Zeit für die Testung ein, vermeiden Sie Unterbrechungen (Telefon abstellen). Am Arbeitsplatz sollten sich neben den Testunterlagen keine weiteren Gegenstände befinden.

Gibt der Patient eine falsche Antwort, ist diese unkommentiert hinzunehmen. Die Antwort wird als falsch bewertet, aber nicht korrigiert. Dies gilt nicht, wenn der Patient sich erkundigt, ob die Antwort korrekt war. Dann sollte ihm wahrheitsgemäß geantwortet werden. Das gilt auch, wenn er sich nach dem Zustand seines Gedächtnisses erkundigt.

Generell sollten die Gedächtnisstörungen nicht bagatellisiert werden. Viele Patienten spüren genau, dass sie mit den Testverfahren nicht gut zurechtkommen, und dass etwas nicht stimmt. Die Sorgen sind dann aufzugreifen und ernst zu nehmen. Loben sollte man auf jeden Fall, dabei aber nicht übertreiben. Andere Patienten, die mit ihren Testleistungen hochzufrieden sind, sollen selbstverständlich in diesem Glauben belassen werden.

Häufig geben Patienten rationale Erklärungen, warum sie eine Frage gerade nicht beantworten können, zum Beispiel seien sie noch nicht dazu gekommen, auf den Kalender zu schauen, oder sie hätten sich gerade nicht konzentrieren können und hätten daher so viele Worte vergessen. Diese Erklärungen werden einfach stehen gelassen und bestätigt.

Eine andere häufige Reaktion ist Trauer oder gar Verzweiflung über das nachlassende Gedächtnis. Dies sollte man aufgreifen (auf keinen Fall sagen „Ist ja nicht so schlimm“!). Um den Selbstwert wiederherzustellen und den Patienten abzulenken, hat es sich bewährt, kurz über ein für den Patienten positives Thema zu sprechen, bei den Frauen eignet sich das Thema „Enkelkinder“, bei den Männern das Thema „beruflicher Erfolg“.

Häufig ist man mit Ärger und Wut konfrontiert, die Kränkung und Empörung darüber zum Ausdruck bringen, mit solchem Kinderkram wie den Testfragen belästigt zu werden. Hier kann man noch einmal versuchen, den Sinn und Zweck der Testung zu erklären. Darüber hinaus muss man Verständnis für den Ärger äußern. Man kann versuchen, die Testung zu unterbrechen; wenn der Patient sich dann immer noch weigert, weitere Fragen zu beantworten, wird die Testung abgebrochen. Man verfügt dann zwar über kein Testergebnis, das sich in Zahlen ausdrücken lässt. Auch ein Testprofil liegt dann nicht vor, aber die Erfahrung zeigt, dass nur Personen mit deutlichen Defiziten eine Testung abbrechen.

Bei allen Testungen muss die Atmosphäre so ruhig und positiv wie möglich sein. Es gilt, dem Patienten so viel Mut zu machen, dass er bis zum Ende der Untersuchung mitarbeitet und dass er mit dem Gefühl, seine Sache trotz der möglichen Einbußen gut gemacht zu haben, den Untersuchungsraum verlässt.

5

Testverfahren zur Erfassung der kognitiven Leistung

5.1 Allgemeines

Psychometrische Testverfahren sind heute integraler Bestandteil einer ausführlichen Demenzdiagnostik. Sie dienen dazu, die subjektiven Gedächtnisbeeinträchtigungen zu objektivieren, um zu entscheiden, ob tatsächlich eine pathologische Störung vorliegt. Dies ist vor allem bei der Früherkennung von Bedeutung. Außerdem dienen sie der Verlaufsbeobachtung, die bei Ergebnissen von Behandlungsmaßnahmen relevant ist. Immer mehr erlauben neuropsychologische Profile, differentialdiagnostische Hinweise abzuleiten. Außerdem bieten Aussagen über individuelle Stärken und Schwächen des Patienten die Grundlage für psychotherapeutische Maßnahmen oder für Anregungen für den Angehörigen, wie der Patient am besten gefördert werden kann.

Es gibt eine Fülle verschiedener Testverfahren, die sich in Länge, Inhalt, Komplexität und Qualität erheblich unterscheiden. Im Folgenden werden sowohl kurze Screening-Verfahren als auch ausführliche Testbatterien vorgestellt. Alle werden im deutschsprachigen Raum häufig verwendet bzw. wurden kürzlich entwickelt und veröffentlicht. Sie stellen notwendigerweise eine Auswahl dar. Entscheidend ist, dass die Testungen in dem Gebiet der Demenzerkrankungen zu einem Standardrepertoire werden, und dass das Wissen um die verschiedenen Verfahren und ihre Aussagemöglichkeiten bei allen in diesem Gebiet Tätigen zunimmt.

5.2 Alzheimer Disease Assessment Scale (ADAS)

Testcharakteristik

Die ADAS findet Anwendung bei Patienten mit Demenzsyndromen unterschiedlicher Ausprägung zur Diagnostik, Schweregradeinschätzung und Verlaufskontrolle. Die Skala umfasst insgesamt 21 Items, mit denen Defizite kognitiver Leistungen (11 Items) sowie Symptome bzw. Verhaltensauffälligkeiten im nicht-kognitiven Bereich (10 Items) beurteilt werden.
Die ADAS deckt inhaltlich einen weiten Bereich der Symptomatik bei Demenzerkrankungen ab und ist insbesondere für Verlaufsuntersuchungen geeignet. Derzeit wird sie praktisch in allen Therapiestudien verwendet.

Beschreibung des Verfahrens

In der Durchführung lassen sich drei Testteile voneinander abgrenzen.

A) Kognitiver Testteil

Hier müssen vom Probanden verschiedene Aufgaben bearbeitet werden:

- Freie Reproduktion von 10 Wörtern
- Orientierung
- Vorstellungsvermögen (hier muss der Proband so tun, als würde er einen Brief an einen Verwandten schicken; als Material liegen ein Blatt Papier, ein Umschlag und eine Briefmarke vor)
- Zeichnen
- Befolgen von Anweisungen
- Benennen von Fingern und Gegenständen
- Wort-Wiedererkennen (12 Wörter werden gelesen und müssen unmittelbar danach aus 24 Wörtern wiedererkannt werden)
- Erinnerung an Prüfanweisungen

B) Interviewteil

Hier werden Patient und Angehöriger zur Ausprägung psychopathologischer Symptome befragt:

- Tremor

- Umherlaufen
- Motorische Unruhe
- Weinen
- Depressive Verstimmung
- Wahnvorstellungen
- Halluzinationen
- Gesteigerter/verminderter Appetit

C) Verhaltensbeobachtung während der gesamten Untersuchung:

- Konzentration und Ablenkbarkeit
- Mangelnde Kooperation bei der Untersuchung
- Sprachliche Ausdrucksfähigkeit
- Verständnis gesprochener Sprache
- Wortfindungsstörungen in der Spontansprache

Der Dokumentations- und Auswertungsbogen ermöglicht eine übersichtliche Eintragung und Zusammenfassung aller genannten Bereiche. Die Durchführung der ADAS erfordert Erfahrung sowohl im Umgang mit Demenzpatienten als auch im Umgang mit neuropsychologischen Testverfahren. Der Test ist zwar auch mit schwerer beeinträchtigten Patienten durchführbar, hier kann es aber zu Problemen mit der Motivation, Konzentration und Ausdauer auf Seiten des Patienten kommen.

Auswertung und Interpretation

Durch Addition der vergebenen Punkte werden zwei Summenscores gebildet. Die maximalen Scores betragen für den kognitiven Bereich (ADAS-K) 70 Punkte und für den nicht-kognitiven Bereich (ADAS-NK) 50 Punkte. Eine Erhöhung des jeweiligen Scores entspricht dabei einer Symptomverschlechterung. Da der Gesamtsummenscore von 120 (ADASUM) wegen der unterschiedlichen Verlaufsentwicklung kognitiver und nicht-kognitiver Symptome nicht zu empfehlen ist, wird überwiegend die Bildung des Summenscores aus dem kognitiven Beurteilungsbereich bevorzugt.
Der Cut-off-Wert in der kognitiven Skala liegt bei 10/11. Alle über 10 liegenden Werte sprechen somit für das Vorliegen einer kognitiven Beeinträchtigung.

Der kognitive Testteil kann auch ohne Interview- und Verhaltensteil durchgeführt werden, ermöglicht dann aber selbstverständlich nur Aussagen über diesen Bereich.

Dauer

Die Durchführungsdauer beträgt bei Patienten mit leichter bis mittelschwerer Demenz etwa 45 Minuten.

Praktischer Hinweis

Durchführungshinweise und Testinstruktionen sind vorgegeben und sollten so genau wie möglich beachtet werden.
Im Interviewteil hat sich die Einbeziehung eines Angehörigen bewährt, da beeinträchtigte Personen die Fragen häufig nicht mehr adäquat beantworten können.

Autoren und Erscheinungsjahr

Rosen, W.G., Mohs, R.C. & Davis, K.L. (1984). A new Rating scale for Alzheimer's disease. American Journal of Psychiatry, 141, 1356–64.

Deutsche Fassung von Weyer, G., Ihl, R. & Schambach, M. (1992). Alzheimer Disease Assessment Scale. Dt. Bearbeitung. Weinheim: Beltz Test GmbH.

Testbezug und Preis

Der Test ist komplett mit Manual für 298,– € bei der Testzentrale Göttingen (Adresse s. Anhang) zu beziehen.

Form B

Name, Vorname ______________ (Initialen) Alter ______ Geschlecht ______

Datum ______________ Prüfer ______________

Item/Summenscore (max. Score)	Score		Subskalen (optional)
1. Freie Reprodukt. (10)	☐☐	G	
7. Wort-Wiedererk. (12)	☐☐	G	Gedächtnis:
Summe: Gedächtnis (22)	☐☐		Σ G (22) ☐☐
2. Orientierung (8)	☐	O/P	
3. Vorstellungsverm. (5)	☐	O/P	
4. Abzeichnen (5)	☐	O/P	Orientierung/
5. Anweisungen (5)	☐	O/P	Praxie:
6. Benennen (5)	☐	O/P	Σ O/P (28) ☐☐
8. Erinn. Prüf. anweis. (5)	☐		
19. Sprachausdruck (5)	☐	S	
20. Sprachverständnis (5)	☐	S	Sprache:
21. Wortfind. störungen (5)	☐	S	Σ S (15) ☐☐
Summe: Kognitive Items außer Gedächtnis (48)	☐☐		
Gesamt: Kognitiver Bereich K (70)	☐☐		
9. Tremor (5)	☐	M	
10. Umherlaufen (5)	☐	M	Motorik:
11. Motor. Unruhe (5)	☐	M	Σ M (15) ☐☐
12. Weinen (5)	☐	D	Depressivität:
13. Depress. Verstimmung (5)	☐	D	Σ D (10) ☐☐
14. Wahn (5)	☐	P	Psychotische Symptome:
15. Halluzinationen (5)	☐	P	Σ P (10) ☐☐
16. Appetit (5)	☐		Konzentration/
17. Konzentr./Ablenkbarkeit (5)	☐	K/K	Kooperation:
18. Mangelnde Koop. (5)	☐	K/K	Σ K/K (10) ☐☐
Gesamt: Nichtkognitiver Bereich NK (50)	☐☐		
Gesamtscore ADASUM (120)	☐☐☐		

Abb. 5-1 Alzheimer Disease Assessment Scale (ADAS): Auswertebogen; © by Beltz Test GmbH, Göttingen.

5.3 The Cambridge Examination for Mental Disorders of the Elderly (CAMDEX)

Testcharakteristik

Im angloamerikanischen Bereich häufig eingesetztes Instrumentarium, das zwar in deutscher Übersetzung, nicht aber mit Validierung im deutschsprachigen Raum, vorliegt. Es ermöglicht aufgrund seiner Ausführlichkeit und Vielschichtigkeit eine differenzierte Diagnostik verschiedener Demenzformen, eine Schweregradeinschätzung und eine Abgrenzung zur Depression. Es enthält unter anderem ein psychiatrisches Patienteninterview, eine kognitive Testung (CAMCOG) und eine strukturierte Fremdanamnese.
Aufgrund der Ausführlichkeit des gesamten Instrumentariums ist die CAMDEX für den Praxisbereich nicht zu empfehlen. Außerdem erfordert die Batterie Konzentrationsvermögen und einen hohen Grad an Motivation auf Seiten des Patienten. Beides kann bereits bei mittelschwer beeinträchtigten Personen nicht mehr gegeben sein. Hervorzuheben ist jedoch die Fremdanamnese, die alle wichtigen Informationen erhebt. Diese kann sehr gut als Leitfaden verwendet werden.

Beschreibung des Verfahrens

Die CAMDEX wurde zur Erfassung demenzieller Erkrankungen entwickelt. Sie enthält folgende Teile:

- Strukturiertes Patienteninterview
- Medizinische Anamnese
- Familienanamnese
- Strukturierte Fremdanamnese
- Protokoll für die körperliche Untersuchung
- Protokoll für bedeutsame Laborbefunde
- Protokoll für Beobachtungen während der Untersuchungssituation
- Kognitive Testbatterie (CAMCOG)

Der CAMCOG enthält den gesamten MMSE. Außerdem werden verschiedene kognitive Funktionsbereiche erfasst:

- Orientierung
- Sprache (Wortflüssigkeit, Abbildungen benennen, Sprachverständnis, sprachlicher Ausdruck)
- Gedächtnis (freie verzögerte Wiedergabe der zuvor benannten Abbildungen und Wiedererkennen; Langzeitgedächtnis)
- Aufmerksamkeit (rückwärts rechnen)
- Rechnen
- Konstruktive und ideomotorische Praxie
- Abstraktionsvermögen
- Wahrnehmung (abgebildete Gegenstände aus ungewohnter Perspektive erkennen)
- Zeiterleben

Das gesamte Verfahren setzt Kenntnisse im Bereich der Diagnostik und im Umgang mit Demenzpatienten voraus.

Auswertung und Interpretation

Alle im CAMCOG erzielten Punkte werden addiert. Ein kritischer Grenzwert, der auf eine demenzielle Entwicklung hinweist, liegt bei 79/80. Es liegen keine alters- oder bildungskorrigierten Normwerte vor. Der MMSE kann extra ausgewertet werden, so dass man zwei aussagekräftige Ergebniswerte erhält.
Alle in der CAMDEX erhobenen Informationen können zu einer Diagnose nach ICD-10 oder DSM-III-R zusammengefasst werden.

Dauer

Die Durchführungsdauer beträgt für alle Teile mindestens 90 Minuten. Für die Fremdanamnese sind 20 Minuten zu veranschlagen, für die kognitive Testung (CAMCOG) ca. 30–35 Minuten.

Praktischer Hinweis

Aus dem breit angelegten Instrumentarium CAMDEX können die kognitive Testung und die Fremdanamnese herausgenommen und isoliert durchgeführt werden. Sie können in Kombination einen wesentlichen Beitrag zur Diagnostik leisten.

Anmerkung zum umseitig abgedruckten Auszug der Fremdanamnese

Hier geht es um die Verdeutlichung der inhaltlichen Bandbreite, die eine gute Fremdanamnese abdecken sollte. Die in Stichpunkten festgehaltenen Items müssen vom Interviewer in Fragen umformuliert werden. Die vorgegebene Kodierung bezieht sich auf die Eingabemaske eines Auswertungsprogramms, was im Grunde für den Anwender nicht relevant ist. Für das Verständnis ist wichtig, dass die Kodierung 0 „nein" bedeutet und 1 „ja".

Autoren und Erscheinungsjahr

Roth, M., Huppert, F.A., Tym, E. & Mountjoy, C.Q. (1988). CAMDEX – The Cambridge Examination for Mental disorders of the elderly. Cambridge University Press.

Roth, M., Huppert, F.A., Tym, E. & Mountjoy, C.Q. (1994). CAMDEX – The Cambridge Examination for Mental disorders of the elderly. Hogrefe Testzentrale.

Testbezug und Preis

Der Test ist komplett mit Handbuch für 92,– € bei der Testzentrale Göttingen (Adresse s. Anhang) zu beziehen.

H. Interview mit Informant bzw. Informantin

Name ______________________ Erhebungsdatum _ _/_ _/_ _ Tag/Mon/Jahr (57-62)

Anschrift ______________________

____

______________________ 235 Form der Befragung 1 2 9 (63)
Persönlich = 1
Telefonisch = 2

Abb. 5-2 The Cambridge Examination for Mental Disorders of the Elderly (CAMDEX): Fremdanamnese; © by Dexter Verlag, Heidelberg.

BITTE UNBEDINGT ALLE ITEMS KODIEREN

KODIERUNG:

Patient/Patientin kann oder will nicht antworten	8/88/888
Nicht erfragt/nicht anwendbar	9/99/999

236 Beziehung zum Patienten:

Ehegatte	= 1	
Bruder/Schwester	= 2	
Schwager/Schwägerin	= 3	
Sohn/Tocher	= 4	
Schwiegersohn/-tochter	= 5	
Lebensgefährte/-gefährtin	= 6	
Pflegekraft (Heim, Klinik)	= 7	
Sonstiges	= 8	
Nähere Angaben:	9	(64)

237 Kontakthäufigkeit

Lebens- oder Haushaltsgemeinschaft mit Partner/Partnerin	= 1	
täglich	= 2	
mehrmals pro Woche	= 3	
1 x pro Woche	= 4	
1 x pro Monat	= 5	
1 x pro Jahr	= 6	
	9	(65)

Teil I. Vorgeschichte der aktuellen Störung

Persönlichkeit

238 Persönlichkeitsveränderung	0 1 8 9	(66)

Nähere Angaben:

239 Akzentuierung von Charakterzügen	0 1 8 9	(67)
240 Stimmungsschwankungen	0 1 8 9	(68)
241 Gereiztheit, Ablenkbarkeit	0 1 2 8 9	(69)
242 Interesse an anderen Menschen	0 1 2 8 9	(70)
243 Verhaltensauffälligkeiten	0 1 8 9	(71)
244 Vermehrter Starrsinn	0 1 2 8 9	(72)
245 Dauer in Monaten	_ _ _ 888 999	(73-75)
246 Plötzliches Auftreten (=1)	0 1 8 9	(76)

Gedächtnis

247 Störung der Merkfähigkeit	0 1 2 8 9	(77)
		(79-80) 05

(Wiederhole Spalten 1-5)

248 Kürzliche Ereignisse	0 1 2 8 9	(6)
249 Situative Orientierung	0 1 2 8 9	(7)
250 Orientierung im Wohnbereich	0 1 2 8 9	(8)
251 Orientierung in der Nachbarschaft	0 1 2 8 9	(9)
252 Dauer in Monaten	_ _ _ 888 999	(10-12)
253 Plötzliches Auftreten (=1)	0 1 8 9	(13)

Allgemeine kognitive Fähigkeiten

254 Allgemeiner Abbau	0 1 8 9	(14)
255 Zeitraster	0 1 2 8 9	(15)
256 Wortfindungsstörung	0 1 8 9	(16)
257 Entscheidungsschwäche	0 1 8 9	(17)
258 Fertigkeiten eingebüßt	0 1 8 9	(18)
259 Denkstörung	0 1 8 9	(19)
260 Dauer in Monaten	_ _ _ 888 999	(20-22)
261 Plötzliches Auftreten (=1)	0 1 8 9	(23)
262 Allmähliche Verschlechterung (=1)	0 1 8 9	(24)

Alltagsverrichtungen

263 Einfache Haushaltsverrichtungen	0 1 2 8 9	(25)
264 Umgang mit Wechselgeld	0 1 2 8 9	(26)
265 Selbständiges Essen	0 2 4 6 8 9	(27)
266 Selbständiges Ankleiden	0 2 4 6 8 9	(28)
267 Blasenkontrolle	0 2 4 6 8 9	(29)
268 Dauer in Monaten	_ _ _ 888 999	(30-32)
269 Plötzliches Auftreten (=1)	0 1 8 9	(33)

Bewußtseinstrübung/Delir

270 Verwirrtheit	0 1 8 9	(34)
271 Tage- oder wochenweiser Wechsel zw. klarem und verwirrtem Denken	0 1 8 9	(35)
272 Tagesschwankungen/Verwirrtheit	0 1 8 9	(36)
273 Abendtief	0 1 8 9	(37)
274 Dauer in Monaten	_ _ _ 888 999	(38-40)

Abb. 5-2 Fortsetzung.

BITTE UNBEDINGT ALLE ITEMS KODIEREN

KODIERUNG:

Patient/Patientin kann oder will nicht antworten	8/88/888
Nicht erfragt/nicht anwendbar	9/99/999

Depressive Stimmung

275 Interessenverlust		0 1 8 9	(41)
276 Selbstvorwürfe		0 1 8 9	(42)
277 Depressivität		0 1 8 9	(43)
278 Dauer in Monaten	___	888 999	(44-46)
279 Plötzliches Auftreten (= 1)		0 1 8 9	(47)

Schlafstörungen

280 Einschlafen		0 1 8 9	(48)
281 Durchschlafen		0 1 8 9	(49)
282 Früherwachen		0 1 8 9	(50)
283 Nächtliches Umherwandern		0 1 8 9	(51)
284 Dauer in Monaten	___	888 999	(52-54)
285 Plötzliches Auftreten (= 1)		0 1 8 9	(55)

Paranoide Symptome

286 Verfolgungsideen		0 1 8 9	(56)
Dauer in Monaten	___	888 999	(57-59)
287 Halluzinationen		0 1 8 9	(60)
Dauer in Monaten	___	888 999	(61-63)

Hirndurchblutung

288 Transitorische Ischäm. Attacken		0 1 8 9	(64)
289 Hinfallen		0 1 8 9	(65)
290 Schlaganfall		0 1 8 9	(66)
291 Dauer in Monaten	___	888 999	(67-69)

Allgemeine Zusammenfassung

292 Mobilitäts-Einschränkungen		0 1 2 8 9	(70)
293 Erste Verhaltensauffälligkeiten:			(71)
Genaue Antwort:			
Vor wieviel Monaten?	___	888 999	(72-74)
294 Wann zuletzt psychisch unauffällig?			
Vor wieviel Monaten?	___	888 999	(75-77)

(79-80) 06

Abb. 5-2 Fortsetzung.

5.4 The Consortium to Establish a Registry for Alzheimer's Disease (CERAD)

Was ist das Consortium?

Das *Consortium to Establish a Registry for Alzheimer's Disease* wurde 1986 vom National Institute of Aging in den USA gegründet mit dem Ziel, einheitliche diagnostische Methoden und Kriterien für die Alzheimersche Erkrankung zu entwickeln. Dies verfolgt vor allem den Zweck, Forschungsergebnisse miteinander vergleichbar machen zu können. Mittlerweile wurde nicht nur die neuropsychologische Testbatterie entwickelt und evaluiert, sondern es gibt ein Protokoll für die klinische Erhebung, ein Protokoll für die Bildgebung und einen Diagnostikleitfaden für neuropathologische Ergebnisse bei der Autopsie. An den Erhebungen sind in den USA 24 klinische Zentren beteiligt. Es wurden bisher mindestens 1500 Patienten und 500 Kontrollen untersucht. Außerdem finden jährliche Verlaufsuntersuchungen statt.
Im deutschsprachigen Raum ist die Forschungsabteilung der Memory Clinic an der Geriatrischen Universitätsklinik Basel von den USA autorisiert worden, die neuropsychologische Testbatterie für das deutschsprachige Europa zu übersetzen. Diese Gruppe hat bei über 1000 Gesunden (Alter: 55–95 Jahre) Normwerte erhoben und die Einflüsse demographischer Variablen untersucht. Die Auswertung der Testbatterie erfolgt bequem im Internet oder in einer Excel-Version. Als Resultate werden Standardwerte (z-Werte) errechnet, bei welchen die Rohwerte bezüglich Alter, Ausbildung und Geschlecht korrigiert sind – das lästige Nachschlagen in Tabellen entfällt. Mittlerweile stellt die CERAD-Batterie die empfohlene Grundlage zur neuropsychologischen Diagnostik in allen deutschsprachigen Memory-Kliniken dar.

Testcharakteristik

Die CERAD Neuropsychologische Batterie wurde ursprünglich zur Früherkennung und Beschreibung typischer kognitiver Symptome bei der Alzheimerschen Erkrankung entwickelt. Sie enthält 5 Untertests und schließt den MMSE ein.
Alle Anforderungen, die an ein Verfahren zur Demenzdiagnostik gestellt werden, sind hier erfüllt. Dies betrifft sowohl die knappe Erfas-

sung der kognitiven Symptomtrias verbales Gedächtnis, Sprache und konstruktive Praxie als auch die dreiteilige Gedächtniserfassung mit sofortiger und verzögerter Wiedergabe und dem Wiedererkennen. Zeitlich hält sich die Durchführungsdauer im Rahmen, so dass bei Interesse und Bedarf die Batterie ergänzt werden kann.
Außerdem handelt es sich um eines der wenigen Verfahren, bei dem verlässliche, geschlechts-, alters- und ausbildungskorrigierte Normen zur Verfügung stehen und die Erfüllung der Gütekriterien als gut zu bewerten ist.
Selbstverständlich handelt es sich nur um die Erfassung der kognitiven Dimension; Verhaltensauffälligkeiten oder der funktionelle Status müssen mit anderen Skalen erhoben werden.

Beschreibung des Verfahrens

In der Zusammenstellung der Untertests konzentriert sich die CERAD Neuropsychologische Testbatterie auf die kognitive Symptomtrias verbales Gedächtnis, Sprache, konstruktive Praxie, die für die Beschreibung demenzieller Syndrome von besonderer Bedeutung ist. Die Durchführung der fünf Untertests erfolgt in acht Schritten:

- Wortflüssigkeit (so viele Tiere wie möglich in einer Minute aufzählen)
- Benennen (Abbildungen aus Strichzeichnungen sind zu benennen)
- MMSE
- Wortliste lernen (10 Wörter in drei Lerndurchgängen)
- Konstruktive Praxie (Abzeichnen von 4 Figuren)
- Verzögerte Wiedergabe der Wortliste
- Wortwiedererkennen
- Verzögerte Wiedergabe der 4 Figuren

In den Testbögen sind Instruktionen, Durchführungshinweise und Auswertungsanregungen enthalten, die exakt dem amerikanischen Original entsprechen.
Die Durchführung, Auswertung und Interpretation der CERAD erfordert Erfahrung sowohl im Umgang mit Demenzpatienten als auch im Umgang mit neuropsychologischen Testverfahren. Der Test ist auch mit schwerer beeinträchtigten Patienten durchführbar, allerdings kann es hier zu Problemen mit der Motivation, Konzentration und Ausdauer auf Seiten des Patienten kommen.

Auswertung und Interpretation

Die Leistung wird in 11 Variablen zusammengefasst. Die den Rohwerten entsprechenden z-Werte erlauben eine Aussage darüber, ob das Resultat über- oder unterdurchschnittlich oder in der Norm liegend ausgefallen ist. Das Auswerteprogramm im Internet und in der Excel-Version (lediglich die Rohwerte müssen eingegeben werden) bietet eine graphische Darstellung der Ergebnisse. Wenn das Gedächtnis und eine weitere Funktion unterdurchschnittlich (Faustregel: z-Wert unter –1,3 = beeinträchtigt) ausgeprägt sind, gelten die neuropsychologischen Kriterien eines Demenzsyndroms als erfüllt. Dies entspricht den Definitionen der großen Klassifikationssysteme, die neben der Gedächtnisbeeinträchtigung die Störung in einer weiteren kognitiven Funktion fordern.
Das kognitive Profil liefert differentialdiagnostische Hinweise, die in Kombination mit der Anamnese, der Verhaltensbeobachtung und weiteren Untersuchungsergebnissen interpretiert werden müssen.

Dauer

Die Durchführungsdauer beträgt bei Patienten mit leichter bis mittelschwerer Demenz etwa 35–40 Minuten.

Praktischer Hinweis

Besonders zu beachten ist die verzögerte Wiedergabe. Hierbei handelt es sich um einen hoch sensitiven Indikator für die Früherkennung der Alzheimer-Krankheit. Da hier jedoch sehr schnell Bodeneffekte (die geringstmögliche Leistung) erreicht werden, eignen sich die Wortflüssigkeit und der MMSE besser für die Verlaufsbeobachtung und die Einschätzung des Schweregrades der kognitiven Beeinträchtigung. Zur Früherkennung bedeutsam haben sich weiterhin die Wortflüssigkeitsaufgabe und die unmittelbare Wortwiedergabe erwiesen.
Hinweise zur Testdurchführung stehen im Manual und sollten unbedingt beachtet werden.
Wenn man sich in die CERAD-Durchführung eingearbeitet hat und darin Routine besitzt, ist die Dokumentation der Ergebnisse im vielseitigen Testheft recht umständlich. Wir haben daher einen einseitigen Dokumentationsbogen entwickelt, der zu einer deutlichen Verbesserung der Übersichtlichkeit führt (s. u.).

Autoren und Erscheinungsjahr

Morris, J.C., Heyman, A., Mohs, R.C. et al. (1989). The Consortium to Establish a Registry for Alzheimer's Disease (CERAD). Part I. Clinical and neuropsychological assessment of Alzheimer's disease. Neurology, 39, 1159–1165.

Monsch, A.U., Thalmann, B., Schneitter, M., Spiegel, R. & Stähelin, H.B. (1997, November). Die CERAD Neuropsychologische Testbatterie – ein gemeinsames minimales Instrumentarium zur Demenzabklärung. Poster präsentiert am dritten Treffen der Memory Clinics im deutschsprachigen Europa. Zürich, Schweiz.

Testbezug und Preis

Test und Normen können Berechtigte aus dem Internet herunterladen (www.healthandage.com). Die Excel-Version kann gegen eine Entschädigung (zur Zeit: 165,– €) bei unten stehender Adresse bestellt werden.

PD Dr. Andreas U. Monsch
Memory Clinic
Geriatrische Universitätsklinik
Hebelstrasse 10
CH-4031 Basel

Tel.: ++41 61 265 3286
Fax: ++41 61 265 3883

E-mail: Andreas.Monsch@unibas.ch

ZUSAMMENFASSUNG DER RESULTATE DER CERAD-NEUROPSYCHOLOGISCHEN TESTBATTERIE

Name der Klinik/Praxis: ______________ Name d. Unters.: ______________

Testperson (Name/Vorname): ______________ ID-Nr.: ______________

Alter (in Jahren): ________ Ausbildung (in Jahren): ________ Geschlecht (W/M): ________

Dauer der Krankheit (in Monaten): ________ Testdatum (Tag/Monat/Jahr): ________

---

1. Verbale Flüssigkeit (Anzahl korrekte Wörter)

0 - 15 Sekunden:	________
16 - 30 Sekunden:	________
31 - 45 Sekunden:	________
46 - 60 Sekunden:	________
Total korrekt (1 Minute):	________

2. Boston Naming Test (Anzahl richtige Antworten)

"HÄUFIG":	________/ 5
"MITTEL":	________/ 5
"SELTEN":	________/ 5
Total Boston Naming Test:	________**/ 15**

3. Mini-Mental Status (**total**): ________**/ 30**

4. *Wortliste Gedächtnis*

	Durchgang 1	Durchgang 2	Durchgang 3	**Total** (1-3)
Richtige:	________**/ 10**	________**/ 10**	________**/ 10**	________**/ 30**
Intrusionen:	________	________	________	________

5. Konstruktive Praxis (Abzeichnen)

'Kreis':	________/ 2
'Rhombus':	________/ 3
'Rechtecke':	________/ 2
'Würfel':	________/ 4
Total Konstruktive Praxis:	________**/ 11**

6. Wortliste Abrufen

Richtige:	________**/ 10**
Intrusionen:	________

7. Wortliste Wiedererkennen

Anzahl richtige "JA" (hits, richtig Positive):	________**/ 10**
Anzahl richtige "NEIN" (correct rejections, richtig Negative):	________**/ 10**

8. Konstruktive Praxis (Abrufen)

'Kreis':	________/ 2
'Rhombus':	________/ 3
'Rechtecke':	________/ 2
'Würfel':	________/ 4
('Fünfecke':	________/ 3)
Total Konstruktive Praxis (Abrufen):	________**/ 11**

Bemerkungen: ____

____

Abb. 5-3 The Consortium to Establish a Registry for Alzheimer's Disease (CERAD).

5.5 DemTect – zur Unterstützung der Demenz-Diagnostik

Testcharakteristik

Es handelt sich um ein neues Demenz-Screening-Verfahren, das sich aus fünf demenzsensitiven Subtests zusammensetzt. Es ist zeitökonomisch, durchführungs- und auswertungsobjektiv. Erste Angaben zu Reliabilität und Validität liegen vor. Es soll insbesondere geeignet sein, leichte kognitive Einbußen zu erfassen. Da die Testleistungen alterssensitiv sind, wird eine getrennte Auswertung für unter bzw. über 60-Jährige vorgenommen.
Das Verfahren wird sich in der Praxis bewähren und stellt ein geeignetes Screening-Instrument dar.

Beschreibung des Verfahrens

Der DemTect besteht aus folgenden fünf Untertests:

- *Verbales Gedächtnis:* zwei Lerndurchgänge einer Wortliste mit 10 Worten
- *Kognitive Flexibilität:* Zahlenumwandeln (Zahlen müssen in Worten geschrieben werden und umgekehrt Zahlwörter als Zahlen)
- *Wortflüssigkeit:* Supermarktaufgabe (in einer Minute sind so viele Dinge wie möglich zu nennen, die man in einem Supermarkt kaufen kann)
- *Arbeitsgedächtnis:* Zahlenfolge rückwärts sagen
- *Mittelfristige Gedächtnisleistung:* verzögerte freie Wiedergabe der Wortliste

Instruktionen und Durchführungshinweise sind in der Testmappe enthalten.
Die Durchführung kann von geschultem Personal, beispielsweise von Arzthelferinnen, vorgenommen werden.

Auswertung und Interpretation

Die Ergebnisse der Subtests werden in Punkte umgewandelt. Diese sind den jeweiligen Tabellen zu entnehmen, in denen auch das Alter des Probanden berücksichtigt wird. Die Summe der Punkte ergibt Hinweise auf einen Demenzverdacht (≤ 8 Punkte), auf eine leichte kognitive Beeinträchtigung (9–12 Punkte) oder auf eine altersgemäße kognitive Leistung (13–18 Punkte).

Dauer

Die Durchführungsdauer beträgt ca. 8 bis 10 Minuten.

Praktische Hinweise

Besonders zu beachten sind die erneute Abfrage der Wortliste (verzögerte Wiedergabe) und die Wortflüssigkeitsaufgabe. Sie haben sich bei der Früherkennung der Demenz als sensitive Indikatoren erwiesen.
Das Verfahren ist kostenlos zu beziehen, leicht zu erlernen und stellt ein aussagekräftiges Screening-Instrument dar, das allerdings keine ausführlichen Testbatterien in Spezialeinrichtungen ersetzen kann.

Autoren und Erscheinungsjahr

Kessler, J., Calabrese, P., Kalbe, E. & Berger, F. (2000). DemTect: Ein neues Screening-Verfahren zur Unterstützung der Demenzdiagnostik. Psycho, 26, 343–347.

Testbezug und Preis

Testmappen sind auf Anfrage kostenlos bei den Firmen Pfizer GmbH und Eisai GmbH sowie bei Novartis GmbH zu beziehen (Adressen s. Anhang).

DemTect

Name: ____________________ Untersuchungsdatum: ____________________

Vorname: ____________________ geb.: ____________ Alter: ________

Schulbildung: ____________________ Beruf (evtl. vor Rente): ____________________

1) Wortliste

	Teller	Hund	Lampe	Brief	Apfel	Hose	Tisch	Wiese	Glas	Baum
1.	☐	☐	☐	☐	☐	☐	☐	☐	☐	☐
2.	☐	☐	☐	☐	☐	☐	☐	☐	☐	☐

Richtig erinnerte Begriffe (max. 20) ☐

2) Zahlen-Umwandeln (siehe Rückseite)

Richtige Umwandlungen (max. 4) ☐

3) Supermarktaufgabe (1 Min.)

☐ ☐ ☐ ☐ ☐ ☐ ☐ ☐ ☐ ☐ ☐ ☐ ☐ ☐ ☐

☐ ☐ ☐ ☐ ☐ ☐ ☐ ☐ ☐ ☐ ☐ ☐ ☐ ☐ ☐

Genannte Begriffe (max. 30) ☐

4) Zahlenfolge rückwärts

1. Versuch	2. Versuch		
7-2	8-6	☐	2
4-7-9	3-1-5	☐	3
5-4-9-6	1-9-7-4	☐	4
2-7-5-3-6	1-3-5-4-8	☐	5
8-1-3-5-4-2	4-1-2-7-9-5	☐	6

Längste richtig rückwärts wiederholte Zahlenfolge (max. 6) ☐

5) Erneute Abfrage der Wortliste

Teller	Hund	Lampe	Brief	Apfel	Hose	Tisch	Wiese	Glas	Baum
☐	☐	☐	☐	☐	☐	☐	☐	☐	☐

Richtig erinnerte Begriffe (max. 10) ☐

Abb. 5-4 DemTect; © by Dr. P. Calabrese.

DemTect

2) Zahlen-Umwandeln

Beispiel 5 → fünf drei → 3

209 = ____________________

4054 = ____________________

sechshunderteinundachtzig = ____________________

zweitausendsiebenundzwanzig = ____________________

Auswertung

Umrechnung:

Aufgabe	Einzelergebnis (bitte übertragen)	Punkte laut Umrechnungstabelle
1. Wortliste	☐	☐
2. Zahlen-Umwandeln	☐	☐
3. Supermarktaufgabe	☐	☐
4. Zahlenfolge rückwärts	☐	☐
5. Erneute Abfrage der Wortliste	☐	☐
Summe der Punkte		☐

Gesamtergebnis DemTect:

Punktzahl	Diagnose	Handlungsempfehlung
13-18	altersgemäße kognitive Leistung	nach 12 Monaten bzw. bei Auftreten von Problemen erneut testen
9-12	Leichte kognitive Beeinträchtigung	nach 6 Monaten erneut testen – Verlauf beobachten
≤ 8	Demenzverdacht	weitere diagnostische Abklärung, Therapie einleiten

Abb. 5-4 Fortsetzung.

5.6 Mehrfachwahl-Wortschatz-Intelligenztest (MWT-B)

Vorabinformation

Im Regelfall sieht man einen Probanden oder Patienten zur Testung zum ersten Mal und ist dennoch mit der Frage konfrontiert, ob eine Abnahme seiner Leistungsfähigkeit vorliegt. Um mit Sicherheit eine Aussage treffen zu können, müsste man über individuelle Langzeit- bzw. Vergleichsmessungen verfügen. Um aber dennoch entscheiden zu können, ob ein Testresultat dem intellektuellen Leistungsniveau eines Probanden entspricht oder ob bereits eine krankheitsbedingte Abnahme des Leistungsniveaus stattgefunden hat, kann mit Hilfe des oben genannten Verfahrens eine Einschätzung des prämorbiden (vor einer psychischen Störung liegenden) Leistungsniveaus erfolgen. Grundlage des Verfahrens ist die Annahme, dass die *verbale* (auch *kristallisierte*) *Intelligenz* zeitlich stabil und weniger störanfällig ist als die so genannte *flüssige* (auch *fluide*) *Intelligenz*. Die flüssige Intelligenz gilt als die angeborene Komponente der Intelligenz. Diese Grundausstattung beinhaltet die kognitive Leistungsgeschwindigkeit, die Fähigkeit zum Problemlösen, zur Flexibilität und zur Abstraktion. Demgegenüber ist die kristallisierte Intelligenz erfahrungsabhängig und stellt die Summe von Erfahrung, Fertigkeiten und Wissen dar. Tests, die diese Leistungen überprüfen, aktivieren meist erworbenes Wissen, das sich in sprachlichen Fertigkeiten oder dem Wortschatz einer Person niederschlägt.

Testcharakteristik

Der MWT-B ermöglicht durch die *Messung der verbalen (kristallisierten) Intelligenz* eine Einschätzung des intellektuellen Leistungsniveaus des Probanden. Da diese Form der Intelligenz weniger anfällig gegenüber Störeinflüssen bei verschiedenen Erkrankungen ist, kann sie auch bei frühen Formen der Demenz als relativ unbeeinträchtigt gelten und daher erhoben und als Schätzwert verwendet werden. Im MWT-B müssen bekannte sinnvolle Wörter aus einer Reihe von sinnlosen Wörtern herausgefunden werden. Es findet dabei keine Verständnisprüfung der Wörter statt, sondern es geht lediglich um die Wiedererkennung. Der Test ist sehr leicht und zügig durchführbar und wird von Probanden und Patienten gut akzeptiert. Hervorzuheben ist, dass es sich nicht um ein Verfahren zur Demenzdiagnostik handelt. Es liefert eine zusätzliche Aussage über das prämorbide Leistungsniveau des jeweiligen Patienten.

Beschreibung der Verfahren

Der Test besteht aus 37 Zeilen, jede enthält fünf Wörter, wobei ein Wort sinnvoll und die anderen vier sinnfrei sind. Der Proband erhält die Aufgabe, das sinnvolle Wort zu erkennen und zu unterstreichen. Im Wesentlichen muss der Proband also ihm Bekanntes wiedererkennen. Der Schwierigkeitsgrad steigt mir jeder Wortzeile an.
Der MWT-B kann ohne Probleme von Nicht-Fachkräften durchgeführt werden, die Interpretation und Einbettung des Ergebnisses in den diagnostischen Prozess sollte Fachleuten vorbehalten bleiben.

Auswertung und Interpretation

Für jedes erkannte richtige Wort wird ein Punkt vergeben. Es dürfen pro Zeile nicht zwei oder mehr Wörter durchgestrichen sein, diese werden nicht gewertet. Die Punkte werden zusammengezählt und können direkt in einen IQ-Wert umgewandelt werden. Dieser ist der Tabelle im Manual zu entnehmen. Anregungen zur Interpretation, ob es sich bei dem jeweiligen Punktwert um beispielsweise durchschnittliche oder hohe Intelligenz handelt, werden gegeben.

Dauer

Ca. 5 Minuten.

Praktischer Hinweis

Der MWT-B ist ein Verfahren zur Einschätzung des prämorbiden sprachlichen Intelligenzniveaus. Er ist einfach und zügig durchführ- und auswertbar. Er ist für ein Demenz-Screening **nicht** geeignet.

Autoren und Erscheinungsjahr

Lehrl, S. (1989). Mehrfachwahl-Wortschatz-Intelligenztest (MWT-B) zur Ermittlung der prämorbiden Intelligenz. Erlangen: Perimed Verlag.

Testbezug und Preis

Der Test ist komplett für 24,80 € bei der Testzentrale Göttingen (Adresse s. Anhang) zu beziehen.

Name ______________________ Punkte ____________

Beruf ______________________ Alter ____________

Untersuchungsdatum ____________ männlich – weiblich ___

Sonstiges ______________________________________

____

Anweisung:

Sie sehen hier mehrere Reihen mit Wörtern. In jeder Reihe steht **höchstens ein Wort,** das Ihnen vielleicht bekannt ist. Wenn Sie es gefunden haben, streichen Sie es bitte durch.

1. Nale – Sahe – Nase – Nesa – Sehna
2. Funktion – Kuntion – Finzahm – Tuntion – Tunkion
3. Struk – Streik – Sturk – Strek – Kreik
4. Kulinse – Kulerane – Kulisse – Klubihle – Kubistane
5. Kenekel – Gesonk – Kelume – Gelenk – Gelerge
6. siziol – salzahl – sozihl – sziam – sozial
7. Sympasie – Symmofeltrie – Symmantrie – Symphonie – Symplanie
8. Umma – Pamme – Nelle – Ampe – Amme
9. Krusse – Surke – Krustelle – Kruste – Struke
10. Kirse – Sirke – Krise – Krospe – Serise
11. Tinxur – Kukutur – Fraktan – Tinktur – Rimsuhr
12. Unfision – Fudision – Infusion – Syntusion – Nuridion
13. Feudasmus – Fonderismus – Föderalismus – Födismus – Föderasmus
14. Redor – Radium – Terion – Dramin – Orakium

Abb. 5-5 Mehrfachwahl-Wortschatz-Intelligenztest (MWT-B); © by Spitta-Verlag GmbH u. Co KG, Balingen.

15. kentern – knerte – kanzen – kretern – trekern

16. Kantate – Rakante – Kenture – Krutehne – Kallara

17. schalieren – waschieren – wakieren – schackieren – kaschieren

18. Tuhl – Lar – Lest – Dall – Lid

19. Dissonanz – Diskrisanz – Distranz – Dinotanz – Siodenz

20. Ferindo – Inferno – Orfina – Firanetto – Imfindio

21. Rilkiase – Kilister – Riliker – Klistier – Linkure

22. kurinesisch – kulinarisch – kumensisch – kulissarisch – kannastrisch

23. Rosto – Torso – Soro – Torgos – Tosor

24. Kleiber – Beikel – Keibel – Reikler – Biekerl

25. Ralke – Korre – Ruckse – Recke – Ulte

26. Lamone – Talane – Matrone – Tarone – Malonte

27. Tuma – Umat – Maut – Taum – Muta

28. Sorekin – Sarowin – Rosakin – Narosin – Kerosin

29. beralen – gerältet – anälteren – untären – verbrämen

30. Kapaun – Paukan – Naupack – Aupeck – Ankepran

31. Sickaber – Bassiker – Kassiber – Sassiker – Askiber

32. Pucker – Keuper – Eucker – Reuspeck – Urkane

33. Spirine – Saprin – Parsin – Purin – Asprint

34. Kulon – Solgun – Koskan – Soran – Klonus

35. Adept – Padet – Edapt – Epatt – Taped

36. Gindelat – Tingerat – Indigenat – Nitgesaar – Ringelaar

37. Berkizia – Brekzie – Birakize – Brikazie – Bakiria

Abb. 5-5 Fortsetzung.

5.7 Mini-Mental State Examination (MMSE)

Testcharakteristik

Der MMSE ist das wahrscheinlich am meisten verwendete Verfahren zum *kognitiven Screening* bei älteren Menschen. Er kommt sowohl in Kliniken und Praxen als auch in großen Medikamentenstudien zum Einsatz. Der Test kann für sich verwendet werden, er ist gleichzeitig auch Bestandteil größerer Batterien (z.B. CERAD und SIDAM). Obwohl der MMSE als Screening-Verfahren (besonders in Kombination mit dem Uhrentest und einer Wortflüssigkeitsaufgabe) sehr gut geeignet ist, weist er dennoch eine eingeschränkte Sensitivität bzw. Spezifität auf, so dass die Diagnose eines Demenzsyndroms durch Hinzuziehen weiterer neuropsychologischer Untersuchungen erhärtet werden sollte. Insbesondere Personen mit hohem prämorbidem Intelligenzniveau verfügen über sehr gute Kompensationsmöglichkeiten mit unauffälligen MMSE-Scores, wobei hier weitere neuropsychologische Untersuchungsverfahren mit höherer Sensitivität auf das Vorliegen eines Demenzsyndroms bereits hinweisen können. Neben seiner Bildungsabhängigkeit ist der MMSE auch altersabhängig.
Der MMSE ist also zur Unterscheidung zwischen gesunden und deutlich beeinträchtigten älteren Menschen gut geeignet, zur Früherkennung von milden Fällen einer demenziellen Entwicklung eignet er sich nicht. Zur Verlaufsbeobachtung ist er einzusetzen.

Beschreibung des Verfahrens

Der MMSE erfasst mit insgesamt 30 Punkten die kognitive Leistungsfähigkeit und ermöglicht eine Einschätzung des Schweregrades der kognitiven Beeinträchtigung.

- Zeitliche und örtliche Orientierung (10 Punkte)
- Merk- und Erinnerungsfähigkeit (6 Punkte)
- Aufmerksamkeit und Flexibilität (5 Punkte)
- Sprache (3 Punkte)
- Anweisungen befolgen (3 Punkte)
- Lesen, Schreiben, Nachzeichnen (je 1 Punkt)

Die Aufgaben sind von kognitiv nicht beeinträchtigten Personen ohne Probleme zu lösen.
Eine Einarbeitung in die Testdurchführung ist schnell möglich. Der Test kann nach kurzem Training auch von Arzthelferinnen, Pflegepersonal u.a. durchgeführt werden.

Auswertung und Interpretation

Die Auswertung erfolgt als einfache Addition der vergebenen Punkte. Bei der Interpretation der Punktwerte gibt es verschiedene Abstufungen und Einschätzungen. Zwischen 27 und 23 Punkten liegt ein Hinweis auf eine leichte kognitive Beeinträchtigung vor, bei Werten unter 23 von 30 Punkten besteht ein starker Demenzverdacht, der weitere Untersuchungen nach sich ziehen sollte. Scores von 10–17 Punkten weisen auf eine mittelschwere, Scores von unter 10 Punkten auf eine schwere Demenz hin. Kontinuierliche Verschlechterungen mit Abnahme der MMSE-Scores von 3–4 Punkten pro Jahr erhärten z.B. den Verdacht auf das Vorliegen einer Alzheimer-Demenz.
Da die Leistung altersabhängig ist, sollten altersangepasste Grenzwerte verwendet werden. Bei Jüngeren (50–60 Jahre) können bereits bei einem Wert von unter 28 Punkten Auffälligkeiten bestehen. In diesem Zusammenhang ist zu beachten, dass Untersuchungen an über 70- bis 80-jährigen gesunden Personen Wertebereiche von 24–30 und Mediane von 26 bzw. 27 Punkten erbrachten. **Daher ist bereits ab einem Punktwert von 26 Vorsicht geboten. Eine ausführlichere Testung ist hier empfehlenswert.**
Wie bei anderen Verfahren auch sind die Grenzwerte nicht als absolut gültige Grenzen zu betrachten, sondern lediglich als Richtlinien. Auch für die relativ sichere Interpretation des Ergebnisses des MMSE bedarf es einiger Erfahrung.

Dauer

5–10 Minuten.

Praktischer Hinweis

Am sensitivsten sind die Items verzögerte Erinnerung an die drei Worte, Orientierungsfragen sowie Rückwärtsrechnen. Letzteres ist besonders sensitiv für Frontalhirnleistungen. Auf die genannten drei Items sollte man daher ein Augenmerk haben.
Für die Dimension Aufmerksamkeit können die serielle Subtraktion (Zurückrechnen in 7-Schritten) und das Rückwärtsbuchstabieren eines Wortes alternativ verwendet werden. Beide Aufgaben verfügen jedoch nicht über denselben Schwierigkeitsgrad. In Studien konnte gezeigt werden, dass das Rückwärtsbuchstabieren zu höheren Punktwerten führt. Die serielle Subtraktion ist insbesondere bei Personen mit hohem Bildungsgrad vorzuziehen.

Autoren und Erscheinungsjahr

Folstein, M.F., Folstein, S.E. & McHugh, P.R. (1975). „Mini-Mental State": a practical method for grading the cognitive state of patients for the clinician. Journal of Psychiatric Research, 12, 189–198.

Deutsche Fassung von Kessler, J., Markowitsch, H.J. & Denzler, P.E. (1990). MMST: Mini-Mental-Status-Test. Weinheim: Beltz Test GmbH.

Testbezug und Preis

Der Test ist komplett mit Manual für 38,– € bei der Testzentrale Göttingen (Adresse s. Anhang) zu beziehen.
Auf Anfrage erhält man bei den Firmen Pfizer GmbH und Novartis GmbH kostenlos Testmappen (Adressen s. Anhang).

Name ____________________ geb. ____________ Jahre ________

Testdatum ____________________ Geschlecht männlich ☐ weiblich ☐

Schulbildung ____________________ Beruf ____________________

1. Orientierung Jeweils 1 Pkt. für jede richtige Antwort — Score

1. Datum ☐
2. Wochentag ☐
3. Monat ☐
4. Jahr ☐
5. Jahreszeit ☐
6. Bundesland ☐
7. Land ☐
8. Stadt ☐
9. Klinik/Praxis/Altersheim ☐
10. Stockwerk ☐

Σ

2. Merkfähigkeit VL nennt nebenstehende Begriffe und fordert Pb anschließend zur Reproduktion auf; es wird 1 Pkt. für jede richtige Antwort vergeben. Bitte Pb daran erinnern, sich die Worte zu merken.

11. «Auto» ☐
12. «Blume» ☐
13. «Kerze» ☐

Σ

Wenn nicht alle 3 Begriffe genannt wurden, erneute Darbietung durch den VL usw.; max. 6 Wiederholungen.
Anzahl der Versuche bis zur vollständigen Reproduktion der 3 Wörter: ☐

3. Aufmerksamkeit und Rechenfähigkeit In 7-er-Schritten, beginnend bei 100, rückwärts zählen; Abbruch bei 5 Antworten; 1 Pkt./ richtige Antwort. Bei falscher Antwort richtiges Ergebnis nennen. Von korrektem Ergebnis aus folgt die nächste Subtraktion.

14. «93» ☐
15. «86» ☐
16. «79» ☐
17. «72» ☐
18. «65» ☐

Σ

Bei Akalkulie alternativ: Radio rückwärts buchstabieren o-i-d-a-r ☐ max. 5 Pkt

4. Erinnerungsfähigkeit Den Pb nach den bei 2. genannten Wörtern fragen; 1 Pkt./richtige Nennung.

19. «Auto» ☐
20. «Blume» ☐
21. «Kerze» ☐

Σ

5. Sprache 1 Pkt. für jede korrekte Antwort/Handlung.

22. Armbanduhr benennen ☐
23. Bleistift benennen ☐
24. Nachsprechen des Satzes: «Sie leiht ihm kein Geld mehr» ☐
    Kommandos befolgen:
25. Blatt Papier in die rechte Hand ☐
26. – in der Mitte falten ☐
27. – auf den Tisch legen ☐
28. Anweisung auf der Rückseite dieses Blattes vorlesen und befolgen ☐
29. Schreiben eines vollständigen Satzes (Rückseite) ☐
30. Nachzeichnen (Rückseite) ☐

Σ

Abb. 5-6 Mini-Mental State Examination (MMSE); © by Beltz Test GmbH, Göttingen.

Bitte schließen Sie die Augen!

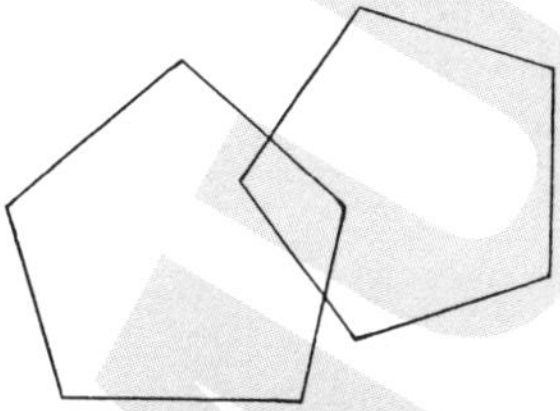

Abb. 5-6 Fortsetzung.

5.8 Nürnberger Altersinventar (NAI)

Testcharakteristik

Das NAI ist ein theoretisch fundiertes und modellgeleitetes, breit angelegtes Instrumentarium zur Beschreibung der kognitiven Leistungsfähigkeit und verschiedener Befindlichkeits- und Verhaltensbereiche im Alter. Es besteht aus kognitiven Leistungstests, Fremdbeurteilungs- und Selbstbeurteilungsskalen. Diese können je nach Fragestellung und Beeinträchtigungsgrad des Probanden frei kombiniert werden. Es liegen sowohl Normwerte für verschiedene Altersgruppen vor als auch separate Normen für privat wohnende Senioren, Altersheimbewohner und Patienten mit hirnorganischen Veränderungen. Für die relevanten Untertests werden Cut-off-Werte zur Abgrenzung zwischen Gesunden und beginnender demenzieller Entwicklung gegeben. Es liegen zahlreiche Untersuchungen zu den Testgütekriterien vor, die im ausführlichen Manual dargestellt werden. Das NAI eignet sich sowohl zur Diagnostik als auch zur Verlaufsbeobachtung.
Das NAI stellt das derzeit umfangreichste deutschsprachige psychometrische Testinventar für ältere Menschen dar. In der Ausführlichkeit liegt einerseits eine Stärke, andererseits erschwert sie einen Routineeinsatz. Um je nach Fragestellung und Proband bestimmte Untertests auswählen zu können, bedarf es einer Vertrautheit mit dem Gesamtverfahren.

Beschreibung des Verfahrens

Das NAI setzt sich aus einer theoretisch gut begründeten Auswahl von kognitiven Leistungstests, Selbst- und Fremdbeurteilungsskalen zusammen. Dabei werden alle für die Beschreibung des Alterungsprozesses wesentlichen Faktoren berücksichtigt. Es enthält verschiedene Datenebenen (Leistung, Verhalten, Erleben) und verschiedene Datenquellen (Proband, Angehöriger, Psychologe bzw. Arzt), die in Verbindung eine differenzierte Beschreibung von altersbedingten Veränderungen ermöglichen. Für Wiederholungsmessungen liegen die wichtigsten Untertests in fünf Parallelversionen vor.

Kognitive Leistungstests (T): Nach Meinung der Autoren stellt die kognitive Verarbeitungsgeschwindigkeit eine entscheidende diagnostische Kategorie dar. Daher enthält das NAI vier **primär tempoorientierte Untertests**, d.h. hier muss so schnell wie möglich gearbeitet werden. Im *Zahlen-Verbindungs-Test* werden Zahlen mit einem Stift miteinander verbunden. Im *Labyrinth-Test* muss der Weg aus einem Labyrinth gesucht werden, im *Zahlen-Symbol-Test* werden Symbole Zahlen zugeordnet, und im *Farb-Wort-Test* müssen Farben anders lautender Farbwörter benannt werden. Zur globalen Beurteilung der Testfähigkeit bei schwerer beeinträchtigen Personen wird zudem die Durchführung des Labyrinth-Tests als Screening empfohlen. Sieben weitere **Untertests** erfassen verschiedene **Gedächtnisleistungen**, wobei Primär- und Sekundärgedächtnis, verbale und visuelle Merkfähigkeit gemessen werden. Mit Hilfe des *Zahlennachsprechens* und des *Satznachsprechens* wird die Leistung des Primärgedächtnisses objektiviert, das kurzfristige bzw. mittelfristige verbale Behalten wird durch die Aufgabe *Wortliste* (sofortige freie Reproduktion bzw. Wiedererkennen nach 20 Minuten) ermittelt. Im *Bildertest* müssen abgebildete Gegenstände frei reproduziert werden, wohingegen im *Figurentest* abstrakte Figuren wiedererkannt werden müssen. Der Untertest *Wortpaare lernen* erfordert verbale Assoziationsleistung. Im Untertest *latentes Lernen* müssen zum Abschluss alle durchgeführten Tests erinnert und beschrieben werden.
Alle Untertests enthalten ausführliche Instruktionen, Auswertungs- und Dokumentationsbogen.

Fremdbeurteilungsskalen (F): Einerseits kann hier der Testleiter persönlichkeitsbezogene Verhaltensmerkmale aus der Testsituation beurteilen (Nürnberger-Altersrating NAR), andererseits bietet die Nürnberger-Alters-Beobachtungs-Skala (NAB) eine von der Pflegeperson zu beurteilende Einschätzung der Pflegebedürftigkeit. Hiermit liegt also eine ADL-Skala (s. Kap. 6.4) vor.

Selbstbeurteilungsskalen (S): Auf fünf weiteren Skalen wird der Proband zur Selbsteinschätzung verschiedener Dimensionen aufgefordert. Diese beinhalten unter anderem subjektiv erlebte Veränderungen der Befindlichkeit und Aktivität, subjektiv erlebte Alterungs- und Demenzsymptome, das subjektive Altersbild und die Beurteilung der Lebensqualität.

Zu praktischen Problemen bei der Testdurchführung und typischen Bearbeitungsfehlern liefert das Manual ausführliche Hinweise und Erörterungen. Die Durchführung der Leistungstests sollte von Fachleuten vorgenommen werden.

Auswertung und Interpretation

Die Testergebnisse werden als Einzeltestergebnisse aufgezeichnet und verwertet. Es liegen differenzierte Normwerte vor, und für die wichtigsten Untertests sind Cut-off-Werte angegeben. Diese sind den entsprechenden Tabellen im Manual zu entnehmen. Es liegt weiterhin eine Schematik zur Demenzdiagnostik vor, die die zusammenfassende Interpretation der Einzelergebnisse erleichtert.

Dauer

Sie ist abhängig von der Anzahl der in die Untersuchung einbezogenen Untertests. Pro Untertest sind 4–8 Minuten anzusetzen. Insgesamt ist mit 40–45 Minuten zu rechnen.

Praktischer Hinweis

Je nach Untersuchungsfragen kann eine Auswahl der einzelnen Untertests erfolgen. Es empfiehlt sich, aus den vier Gebieten (tempoorientierter Untertest, Gedächtnistest, Fremdbeurteilungsskala, Selbstbeurteilungsskala) jeweils einen Subtest auszuwählen, um sich einen Überblick zu verschaffen.

Autoren und Erscheinungsjahr

Fleischmann, U.M. & Oswald, W.D. (1995). NAI-Testmanual und -Textband. Göttingen: Hogrefe.

Oswald, W.D. & Fleischmann, U.M. (1995). Nürnberger-Alters-Inventar NAI. Göttingen: Hogrefe.

Testbezug und Preis

Materialkasten ohne Testmanual 298,– €, Testmanual 49,95 € bei der Testzentrale Göttingen (Adresse s. Anhang). In 4. Auflage seit 1997 lieferbar.

INITIALEN (Name,Vorname)	NUMMER	DATUM	**NAI** PROTOKOLL	**P-A**

UNTERSUCHER | ORT

DIAGNOSE

ALTER, GEB.DAT. | SONST.

GESCHLECHT	0 weiblich	1 männlich				
FAMILIENSTAND	1 verheiratet	2 verwitwet	3 ledig	4 geschieden	5 sonstiges	
AUSBILDUNG	1 Volksschule	2 Mittelschule	3 Abitur	4 Studium		
BERUFL. STATUS	Hausfrau	ungelernter/ angelernter Arbeiter	Handwerker Facharbeiter Büropersonal	Meister mittl. Angest. Beamte	leitende Tätigkeiten	Selbständige Freischaffende
eigener	1	2	3	4	5	6
des Partners	1	2	3	4	5	6

NAI - RESULTATE	[Max.]	Testwert	Normwert	Bemerkungen
ZVT-G Zahlen-Verbindungs-Test G	[300]	(1 + 2) / 2		
LT-G Labyrinth-Test G	[300]			
ZS-G Zahlen-Symbol-Test G	[67]			
FWT Farb-Wort-Test				
I Worttafel	[300]			
II Farbtafel	[300]			
III Farbworttafel	[300]			
III-II Interferenzwert				
ZN-G Zahlennachsprechen G (vorwärts + rückwärts)	[9+8]	v r + =		
WL Wortliste				
Freie Reprod. (unmittelbar) WLFR	[8]			
Wiedererkennen (verzögert) WLWE	[8]			
WL-Summenwert WLSUM	[16]			
BT Bildertest Freie Reprod.	[7]			
WP Wortpaare	[16]			
FT Figurentest	[12]			
SN Satznachsprechen	[43]			
LL Latentes Lernen	[10]			
NAR Alters-Rating	[56]			
NAB Alters-Beobachtungs-Skala	[45]			
NAS Alters-Selbstbeurteilungs-Skala	[60]			
NSL Selbsteinschätzungs-Liste	[80]			
NAA Alters-Alltagsaktivitäten-Skala	[60]			
NAF Alters-Fragebogen	[32]			
NLQ Lebensqualitäts-Fragebogen	[156]			

Abb. 5-7 Nürnberger Altersinventar (NAI): Auswertebogen; © by Hogrefe-Verlag GmbH & Co. KG, Göttingen.

5.9 Strukturiertes Interview zur Diagnose von Demenzen: Alzheimer-Typ, Multiinfarktdemenz und Demenzen anderer Ätiologie (SIDAM)

Testcharakteristik

Das SIDAM ist ein Instrumentarium, das sowohl in Form eines halbstrukturierten Interviews differentialdiagnostische Informationen als auch in Form eines kognitiven Testteils die kognitive Leistungsfähigkeit erfasst und zu einem diagnostischen Gesamturteil verbindet. Den Leitfaden stellen dabei die Diagnosekriterien aus der ICD-10 dar. Für die Durchführung des gesamten SIDAMs ist eine Fremdanamnese erforderlich. Der kognitive Testteil kann isoliert durchgeführt und ausgewertet werden. Nach Meinung der Autoren ist er geeignet, um die Gruppe der leichten kognitiven Beeinträchtigung zu beschreiben und zu erfassen.
Es bedarf einer gewissen Übung, sich in den Testbögen, die sich im Aufbau an den Diagnosekriterien orientieren, zurechtzufinden. Fraglich ist, ob alle Kriterien hinreichend operationalisiert sind. Der Ansatz jedoch, alle Kriterien in einem Protokollheft zu überprüfen, ist als positiv zu bewerten.
Im kognitiven Testteil fehlen leider einige Aufgaben, die sich besonders bewährt haben, zum Beispiel die Wortflüssigkeitsaufgabe oder die detaillierte Erfassung der Gedächtnisfunktionen mit mehreren Lerndurchgängen, der verzögerten freien Wiedergabe und dem Wiedererkennen.

Beschreibung des Verfahrens

Das SIDAM orientiert sich im Aufbau an den Diagnosekriterien und überprüft das Vorhandensein jedes einzelnen Kriteriums. Es integriert dabei fremdanamnestische Angaben. Im Einzelnen werden folgende Informationen erhoben:

- Kurzer Überblick über die Beschwerden des Patienten und die medizinische Anamnese

- Kognitiver Testteil
- Klinische Beurteilung von Persönlichkeitsveränderungen
- Einschätzung der Alltagsbeeinträchtigung
- Schweregradeinschätzung der Demenz
- Differentialdiagnosen mit Schwerpunkt auf vaskulärer Demenz

Der *kognitive Testteil* (SISCO) erfasst folgende Teilleistungsbereiche:

- Orientierung
- Kurzzeitgedächtnis
- Langzeitgedächtnis
- Abstraktes Denken und Urteilsvermögen
- Aphasie, Apraxie, Agnosie
- MMSE

Der kognitive Testteil kann nach entsprechendem Training von Nicht-Fachkräften durchgeführt werden.

Auswertung und Interpretation

Zur Auswertung der Informationen ist ein diagnostischer Algorithmus vorgegeben, der sich von Diagnosekriterium zu Diagnosekriterium entlanghangelt. Aufgrund der jeweils erhobenen Information ist über das Vorhandensein jedes Kriteriums zu entscheiden. Zur Unterscheidung zwischen Alzheimer-Demenz und vaskulärer Demenz sind die Hachinski- und die Rosen-Skala integriert. Je nach Erfüllung oder Nichterfüllung eines Kriteriums wird der Weg durch den Algorithmus gewiesen, und das Ergebnis kann eine beliebige Demenzdiagnose mit Schweregradeinstufung sein.
Im kognitiven Testteil werden alle Testpunkte zu einem Summenscore aufaddiert. Insgesamt können 55 Punkte erreicht werden. Cut-off-Werte zur leichten kognitiven Beeinträchtigung und zur Demenz sind gegeben. Punktwerte von 0 bis 33 weisen auf eine Demenz hin, Punktwerte von 34 bis 51 legen den Verdacht auf eine leichte kognitive Beeinträchtigung nahe. Hervorzuheben ist, dass der MMSE komplett in die Testung eingebunden ist und einzeln ausgewertet werden kann. Im Manual sind alle Fragen erläutert, und Beurteilungshilfen werden gegeben.

Dauer

Die Durchführungsdauer beträgt für den Testteil ca. 30 Minuten. Insgesamt ist mit 45 Minuten zu rechnen.

Praktischer Hinweis

Um das SIDAM möglichst effektiv nutzen zu können, sollte man vorher sowohl in die Diagnosekriterien als auch in die Handhabung des Testprotokollhefts gut eingearbeitet sein.

Autoren und Erscheinungsjahr

Zaudig, M., Mittelhammer, J., Hiller, W. et al. (1991). SIDAM – a structured interview for the diagnosis of dementia of the Alzheimer type, multi-infarct dementia and dementias of other aetiology according to ICD-10 and DSM-III-R. Psychological Medicine, 21, 225–236.

Testbezug und Preis

Der Test ist komplett für 43,– € bei der Testzentrale Göttingen (Adresse s. Anhang) zu beziehen.

SIDAM
für ICD-10

0	= nicht zutreffend, falsch	1	= zutreffend, richtig
?	= nicht beurteilbar, unklar	●	= Mini-Mental State (MMS)

I. Leistungsteil

0. Orientierung, Rechnen, Abzeichnen

1. Welches *Jahr* haben wir ? [?] [0] [1] → ●

7. Können Sie mir sagen, in welchem *Staat* wir uns befinden ? [?] [0] [1] → ●

A. Gedächtnis

17. Ich werde Ihnen nun einen *Namen* und eine *Adresse* nennen, die Sie sich bitte merken sollen.
Ich werde Sie jetzt anschließend und dann noch einmal in wenigen Minuten nach dieser Adresse fragen.

MAX MÜLLER - DORFSTRASSE 10 - MÜNCHEN

Wiederholen Sie bitte die Adresse mit Namen.
(Die Adresse kann maximal fünfmal vom Interviewer wiederholt werden, bis sie korrekt wiedergegeben wird)
Kodiere die Anzahl der notwendigen Vorgaben durch den Interviewer, bis der Befragte sie korrekt wiedergegeben hat.

1 - 2 - 3 - 4 - 5 [?] [0] [1]

20. Wie heißt der *derzeitige Bundeskanzler* ? [?] [0] [1]

B. Intellektuelle/ kognitive Fähigkeiten und Persönlichkeit

B.1. Beeinträchtigung des abstrakten Denkens

29. Als nächstes werde ich Ihnen *zwei Begriffe* nennen.
Erklären Sie mir bitte den Unterschied zwischen den beiden Begriffen

a) FLUSS - SEE
Antwort: .... [?] [0] [1]

b) LEITER - TREPPE
Antwort: .... [?] [0] [1]

30. Kennen Sie das *Sprichwort:* "Der Apfel fällt nicht weit vom Stamm ?" - Können Sie mir die übertragene Bedeutung dieses Sprichwortes erklären ?
Antwort: .... [?] [0] [1]

B.2. Beeinträchtigtes Urteilsvermögen

31. Ich werde Ihnen jetzt eine *Frage* stellen:
"Ein Maurer fiel vom Gerüst und brach sich beide Beine.
Um sofort ärztlich behandelt zu werden,
lief er ins nächste Krankenhaus."
- Finden Sie das richtig ?
Antwort: .... [?] [0] [1]

32. Was *passiert* auf diesem Bild ?
(Luria-Figur Blatt 2 zeigen)
Antwort: .... [?] [0] [1]

B.3. Andere Beeinträchtigungen höherer kortikaler Funktionen
wie z.B. Aphasie, Apraxie, Agnosie

37. Nun möchte ich, daß Sie mir einen Satz *nachsprechen,* und zwar: "Ich kaufe mir einen verschließbaren Fernsehapparat".
(Nur ein Versuch ist erlaubt.
Kodiere "1" nur bei
richtig artikulierter Wiederholung) [?] [0] [1] → ●

Abb. 5-8 Strukturiertes Interview für die Diagnose einer Demenz vom Alzheimer-Typ, der Multiinfarktdemenz und Demenzen anderer Ätiologie (SIDAM): Beispiele abgefragter Items; © 1995 Verlag Hans Huber, Bern.

5.10 Syndrom-Kurztest (SKT)

Kurztest zur Erfassung von Gedächtnis- und Aufmerksamkeitsstörungen.

Testcharakteristik

Der SKT ist ein reliables und valides Messinstrument zur Erfassung kognitiver Leistungsstörungen z.B. bei hirnorganischen Psychosyndromen und demenziellen Erkrankungen, das sich zur Schweregradbestimmung und Verlaufsbeobachtung eignet. Es liegen Normwerte für sechs Altersgruppen (17 Jahre bis 85 Jahre und älter) sowie fünf Parallelversionen des Tests vor. Das Verfahren wurde für Patienten mit akuten oder chronischen organisch bedingten kognitiven Störungen zur *Beschreibung von Gedächtnis- und Aufmerksamkeitsstörungen* entwickelt. Da dem SKT speziell zur Früherkennung demenzieller Entwicklungen wesentliche Elemente fehlen, ist zu diesem Zweck dessen alleiniger Einsatz nicht empfehlenswert.

Beschreibung des Verfahrens

Der SKT dient der kurzen Erfassung von kognitiven Leistungsstörungen mit den Schwerpunkten Gedächtnis, Aufmerksamkeit und kognitive Leistungsgeschwindigkeit. Insgesamt besteht das Verfahren aus neun Untertests. Alle Untertests sind in der Bearbeitungszeit begrenzt. In den Untertests zur Aufmerksamkeitserfassung muss jeweils so schnell wie möglich gearbeitet werden. In den Gedächtnisuntertests ist die Bearbeitungszeit auf maximal 60 Sekunden festgelegt. In der jetzt vorliegenden Neuauflage des Manuals wurden die Normierung und die Auswertungsmöglichkeiten erheblich erweitert. So liegen jetzt Normen vor für folgende Altersgruppen: 17–44 Jahre, 45–54 Jahre, 55–64 Jahre, 65–74 Jahre, 75–84 Jahre und 85 Jahre und älter. Außerdem können Auswertungen getrennt für die Faktoren „Gedächtnis" (setzt sich aus 3 Untertests zusammen) und „Aufmerksamkeit" (setzt sich aus 6 Untertests zusammen) vorgenommen werden.
Die neun Untertests beinhalten folgende Aufgaben:

- Gegenstände benennen
- Gegenstände unmittelbar reproduzieren

- Zahlen lesen
- Zahlen ordnen
- Zahlen zurücklegen
- Symbole zählen
- Interferenz
- Gegenstände reproduzieren
- Gegenstände wiedererkennen

Das Testmaterial besteht zum Teil aus bunten Bildern und großen Spielsteinen. Daher erhält der SKT einen spielerischen Charakter, was von den Patienten in der Regel gut akzeptiert wird.
Im Manual werden alle Untertests mit Instruktionen und Durchführungshinweisen ausführlich und anschaulich beschrieben. Testergebnisse werden in den übersichtlich gehaltenen Testbogen eingetragen.
Durchführung, Auswertung und Interpretation bedürfen einer Einarbeitung, sind aber leicht erlernbar und daher auch von Arzthelferinnen oder Pflegekräften durchführbar. Ein vorausgehendes Training wird vom Testautor empfohlen.

Auswertung und Interpretation

Die für die Untertests ermittelten Rohwerte werden unter Berücksichtigung des Alters und des Intelligenzniveaus anhand der entsprechenden Normtabelle in Normwerte umgewandelt. Die Normwerte lassen sich den Tabellen direkt entnehmen und in den Testbogen eintragen. Es liegen Normwerte für sechs Altersgruppen (s. oben) und drei Intelligenzniveaus vor. Der SKT-Gesamtwert wird aus der Summe der Untertest-Normwerte gebildet. Dieser Gesamtwert kann zwischen 0 und 27 Punkten liegen, wobei 0 Punkte keiner kognitiven Störung entspricht und 27 Punkte die maximale kognitive Beeinträchtigung bedeutet. Zusätzlich können ein Gedächtnis- und ein Aufmerksamkeits-Score berechnet werden, indem die Normwerte der entsprechenden Subtests addiert werden. In der Regel ist von einem homogenen Subtestprofil auszugehen, so dass eine getrennte Analyse der beiden Scores keinen Informationsgewinn liefert. Liegen große Abweichungen zwischen den Scores vor, sollte dies beachtet und klinisch begründet werden. Im neuen Handbuch ist ein Schema enthalten, anhand dessen die Überprüfung der Homogenität des Subscore-Profils sehr leicht möglich ist.

Der SKT-Gesamtwert gilt als globaler Indikator des Schweregrades der vorliegenden Gedächtnis- und Aufmerksamkeitsstörungen. Zur Interpretationshilfe werden verschiedenen Gesamtwertergebnissen unterschiedliche Ausprägungsgrade der Beeinträchtigung zugeordnet. Ähnliche Interpretationshilfen liegen für die Gedächtnis- und Aufmerksamkeitssubscores vor.

Eine CD zur computerisierten Auswertung kann über die Geromed GmbH (Adresse s. unten) bezogen werden. Das Computerprogramm rechnet die Rohwerte automatisch in Normwerte um. Der Ausdruck enthält neben dem Subtest-Profil die Kurzinterpretation der Befunde.

Dauer

Die Durchführungsdauer beträgt 10 bis 15 Minuten.

Praktischer Hinweis

Zeitbegrenzte Untertests (1 Minute) sollten insbesondere dann nicht abgebrochen werden, wenn der Proband kurz vor der Lösung der Aufgabe steht, um Frustrationen zu vermeiden und die Testmotivation zu erhalten.

Autoren und Erscheinungsjahr

Erzigkeit, H. (2001). SKT: Kurztest zur Erfassung von Gedächtnis- und Aufmerksamkeitsstörungen. Manual. 24. vollständig überarbeitete Auflage. Erlangen: Geromed GmbH.

Erzigkeit, H. (1989). The SKT: a short cognitive performance test as an instrument for the assessment of clinical efficacy of cognition enhancers. In: Bergener, M. & Reisberg, B. (eds.). Diagnosis and treatment of senile dementia. Berlin: Springer Verlag, 164–174.

Lehfeld, H. & Erzigkeit, H. (1997). The SKT – a short cognitive performance test for assessing deficits of memory and attention. International Psychogeriatrics, 9 (suppl. 1), 115–121.

Testbezug und Preis

Das Instrumentarium ist je Testsatz (Manual, 50 Protokollbogen, CD und Satz Testmaterial) für 398,– € bei der Testzentrale Göttingen (Adresse s. Anhang) zu beziehen.

Auskünfte und Testmaterial außerdem bei:
Geromed GmbH
Theodor-Klippel-Straße 7
91052 Erlangen
Tel.: 09131/127120
Fax: 09131/127121
E-Mail: info@geromed-gmbh.de
Internet: www.geromed-gmbh.de

Kurztest zur Erfassung von Gedächtnis- und Aufmerksamkeitsstörungen

Name ____ Alter ____

Geburtsdatum ____ Beruf ____

IQ-Gruppe ☐ < 90 ☐ 90-110 ☐ > 110

Diagnose ____

Bemerkungen ____

Untersucher ____ Datum ____ Uhrzeit ____

ROHWERTE **NORMWERTE**

1 Gegenstände benennen — Sekunden

2 Gegenstände unmittelbar reproduzieren — Konfabulationen:

Glocke	Eis	Schlüssel	Kirsche
Fisch	Blume	Hund	Fahrrad
Stuhl	Schirm	Tasse	Hammer

Genannte Gegenstände bitte ankreuzen — Fehlende

LERNPHASE: GEGENSTÄNDE BITTE NOCHMALS 5 SEKUNDEN ZEIGEN

3 Zahlen lesen — Sekunden

4 Zahlen ordnen — Sekunden

5 Zahlen zurücklegen — Sekunden

6 Symbole zählen ☐ (44) — Sekunden

7 Interferenz Richtige Folge BABBABAABBABABAAB BBABABAAABABBABAB — Sekunden

8 Gegenstände reproduzieren — Konfabulationen:

Glocke	Eis	Schlüssel	Kirsche
Fisch	Blume	Hund	Fahrrad
Stuhl	Schirm	Tasse	Hammer

Genannte Gegenstände bitte ankreuzen — Fehlende

9 Gegenstände wiedererkennen — Konfabulationen:

Glocke	Eis	Schlüssel	Kirsche
Fisch	Blume	Hund	Fahrrad
Stuhl	Schirm	Tasse	Hammer

Genannte Gegenstände bitte ankreuzen — Fehlende

Σ Gedächtnis + **Σ Aufmerksamkeit** ____ = **GESAMT PUNKTE** ____

Abb. 5-9 Syndrom-Kurztest (SKT); © by Prof. Dr. H. Erzigkeit.

5.11 Test zur Früherkennung von Demenzen mit Depressionsabgrenzung (TFDD)

Testcharakteristik

Der TFDD ist ein neu entwickeltes Screening-Instrument, das als Früherkennungsinstrument für die Praxis entwickelt wurde. Ziel war es, einen sensitiven und spezifischen Test mit kurzer Durchführungsdauer und leichter Auswertbarkeit zu erstellen. Er beinhaltet zum großen Teil Aufgaben, die sich zur Früherkennung bewährt haben. Darüber hinaus enthält er zwei Depressionsitems, jeweils ein Fremdrating- und ein Selbstrating-Item.
Die Auswahl der Kognitionsaufgaben wird sich bewähren müssen. Positiv hervorzuheben ist, dass sowohl der Uhrzeichentest als auch eine Wortflüssigkeitsaufgabe im Verfahren enthalten sind. Die beiden Items zur Depressionsabklärung können als „Depressionsscreening" dienen, dem eine weiterführende Abklärung mit einer ausführlicheren Skala folgen sollte.

Beschreibung des Verfahrens

Der TFDD besteht aus Aufgaben bzw. Items, die in folgender Reihenfolge durchgeführt werden:

- Unmittelbare Reproduktion von 7 Wörtern
- Zeitliche Orientierung
- Anweisungen befolgen
- Konstruktive Praxie (Uhrzeichentest)
- Verzögerte Reproduktion der 7 Wörter
- Wortflüssigkeit (in einer Minute sind so viele Tiere wie möglich zu nennen)
- Fremdbeurteilung Depression
- Selbstbeurteilung Depression

In der Testmappe werden ausführliche Hinweise zu Instruktionen und Durchführung sowie Bewertungs- und Auswertungsrichtlinien gegeben.
Die Durchführung kann nach entsprechendem Training von geschultem Personal, z.B. von Arzthelferinnen, vorgenommen werden.

Auswertung und Interpretation

Die beiden Testteile Demenz und Depression werden getrennt ausgewertet. Die Punktwerte für die Kognitionsitems werden zusammengezählt und ergeben das Ergebnis für den Demenzteil. Erste Untersuchungen weisen auf einen Grenzwert von 35 Punkten hin, alle kleineren Werte legen den Verdacht auf eine Demenz nahe. Die Punktwerte der beiden Items des Depressionsteils werden ebenfalls addiert und ergeben das Ergebnis dieses Teils. Alle Werte, die größer als 8 sind, weisen auf das Vorliegen einer depressiven Symptomatik hin.

Dauer

5 bis 10 Minuten.

Praktischer Hinweis

Besondere Aufmerksamkeit im Rahmen des Verfahrens sollte man auf die Aufgaben verzögerte Reproduktion, Wortflüssigkeit und Uhrentest legen. Sie haben sich in der Früherkennung als besonders sensitiv erwiesen.

Autoren und Erscheinungsjahr

Ihl, R. & Grass-Kapanke, B. (2000). Test zur Früherkennung von Demenzen mit Depressionsabgrenzung – Manual. Libri Books on Demand 2000; ISBN 3-89811-880-0.

Ihl, R. et al. (2000). Entwicklung und Validierung eines Tests zur Früherkennung der Demenz mit Depressionsabgrenzung (TFDD). Fortschritte Neurologie und Psychiatrie, 68 (9), 413–422.

Testbezug und Preis

Die Testmappe ist kostenlos auf Anfrage bei der Firma Schwabe zu beziehen:

Dr. Willmar Schwabe Arzneimittel
Tebonin®-Service
Postfach 41 09 25
76209 Karlsruhe

Name

Alter Jahre

Datum

Test zur Früherkennung von Demenzen mit Depressionsabgrenzung

TFDD

Unmittelbare Reproduktion

1 *"Lesen Sie sich bitte jedes Wort laut vor und prägen Sie es sich gut ein!"*

"An welche Wörter erinnern Sie sich?"

- ☐ Verkäufer
- ☐ Komet
- ☐ Nachricht
- ☐ Spiegel
- ☐ Märchen
- ☐ Dampf
- ☐ Abenteuer

"Bitte lesen Sie die Wörter noch einmal!"

Erreichte Punktzahl ☐

Zeitliche Orientierung

2 *"Welches Datum ist heute?"*

Tag ______

Monat ______

Jahr ______

Erreichte Punktzahl ☐

3 *"Welche Jahreszeiten gibt es?"*

- ☐ Frühling
- ☐ Sommer
- ☐ Herbst
- ☐ Winter

Erreichte Punktzahl ☐

4 *"Welche Jahreszeit haben wir jetzt?"*

Toleranz ± 14 Tage

- ☐ falsch
- ☐ richtig

Erreichte Punktzahl ☐

5 *"Welche Monate gehören zu dieser Jahreszeit?"*

Frühling	Sommer	Herbst	Winter
☐ März	☐ Juni	☐ September	☐ Dezember
☐ April	☐ Juli	☐ Oktober	☐ Januar
☐ Mai	☐ August	☐ November	☐ Februar
☐ Juni	☐ September	☐ Dezember	☐ März

Erreichte Punktzahl ☐

Abb. 5-10A Test zur Früherkennung von Demenzen mit Depressionsabgrenzung (TFDD); © by Dr. R. Ihl.

Anweisungen befolgen

6 *"Greifen Sie sich erst mit der linken Hand an das rechte Ohr,*
dann mit der rechten Hand an das linke Ohr
und klatschen Sie danach in die Hände!" ☐ ☐ ☐

Vollständig richtige Reihenfolge der Durchführung ☐

Erreichte Punktzahl ☐

Konstruktive Praxis

7 *"Bitte zeichnen Sie das Zifferblatt einer Uhr mit allen Zahlen*
und stellen Sie die Zeiger auf 11.10 Uhr ein!"
Auswertung nach Schema Sunderland, (siehe Anlage) Erreichte Punktzahl ☐

Verzögerte Reproduktion

8 *"Vorhin haben Sie Wörter gelesen, die Sie sich einprägen sollten.*
An welche dieser Wörter können Sie sich noch erinnern?"

Verkäufer ☐
Komet ☐
Nachricht ☐
Spiegel ☐
Märchen ☐
Dampf ☐
Abenteuer ☐

Erreichte Punktzahl ☐

Wortflüssigkeit

9 *"Für die nächste Aufgabe haben Sie eine Minute Zeit.*
Bitte nennen Sie mir soviele Tiere, wie Sie können!" ☐

Erreichte Punktzahl Teil 1, Demenz: ☐

Fremdbeurteilung Depression

10 wirkt: ausgeglichen … schwer depressiv

0	1	2	3	4	5	6	7	8	9	10

Selbstbeurteilung Depression

11 gibt an: ausgeglichen . . . schwer depressiv . . .

0	1	2	3	4	5	6	7	8	9	10

. . . zu sein

Erreichte Punktzahl Teil 2, Depression: ☐

Abb. 5-10A Fortsetzung.

Name

Alter Jahre

Datum

"Bitte zeichnen Sie das Zifferblatt einer Uhr mit allen Zahlen und stellen Sie die Zeiger auf 11.10 Uhr ein!"

Abb. 5-10B Uhrentest.

5.12 Zahlen-Verbindungs-Test (ZVT-G aus dem NAI) und Trail Making Test (TMT)

Testcharakteristik

Eine Verlangsamung in der kognitiven Verarbeitungsgeschwindigkeit oder Leistungsgeschwindigkeit ist Ausdruck einer Störung der Aufmerksamkeit. Sie stellt eine Grundlage für Gedächtnisleistungen dar, ist daher eine basale Größe und bei verschiedenen Verletzungen und Erkrankungen des Gehirns betroffen.

Der Zahlen-Verbindungs-Test (ZVT) hat seine Wurzeln im Trail Making Test (TMT). Beide messen die *kognitive Verarbeitungsgeschwindigkeit.* Im deutschsprachigen Raum erfreut sich der ZVT großer Beliebtheit. Eine Anpassung für ältere Probanden mit differenzierten Normen für 55–95-Jährige bietet der Untertest ZVT-G aus dem Nürnberger Altersinventar. Für den gerontopsychiatrischen Bereich ist diese Variante in jedem Fall zu empfehlen.

Bei dem ZVT und dem TMT handelt es sich nicht um speziell zur Demenzdiagnostik entwickelte Verfahren. Die kognitive Verarbeitungsgeschwindigkeit ist jedoch auch bei demenziellen Entwicklungen betroffen und kann daher einen weiteren frühen Hinweis auf das Vorliegen einer Störung liefern. Als alleiniges Screening-Verfahren eignet sich keines der Verfahren. Es hat sich jedoch gezeigt, dass der Teil B des TMT, der die *kognitive Flexibilität* und *geteilte Aufmerksamkeit* erfasst, sehr früh zwischen Gesunden und beginnender Demenz trennen kann.

Beschreibung der Verfahren

Das Prinzip der Tests besteht darin, dass der Proband aufgefordert wird, auf dem Papier verstreute Zahlen (bzw. Zahlen und Buchstaben) in aufsteigender Reihenfolge so schnell wie möglich miteinander zu verbinden. Entscheidende Größe ist die benötigte Bearbeitungszeit.

Der ZVT-G besteht aus Zahlen von 1–30, die jeweils in zwei Durchgängen bearbeitet werden müssen. Vor der Testphase werden drei kürzere Übungsdurchläufe durchgeführt. Auftretende Fehler werden dabei sofort korrigiert, d.h. sie fließen in die Bearbeitungszeit mit ein. Gleiches gilt für den TMT. Der ZVT-G des NAI liegt in fünf Parallelversionen vor.

Der Trail Making Test besteht aus den Teilen A und B. Teil A besteht wie der ZVT lediglich aus zu verbindenden Zahlen. Teil B dagegen besteht aus Zahlen und Buchstaben, die abwechselnd und in jeweils aufsteigender Reihenfolge miteinander verbunden werden müssen (also 1-A-2-B-3-C usw.). Hier wird die kognitive Flexibilität und die geteilte Aufmerksamkeit erfasst, was Hinweise auf frontalhirnbezogene Defizite liefern kann.
Eine Einarbeitung ist schnell möglich, die Tests können nach kurzem Training auch von Arzthelferinnen, Pflegepersonal u.a. durchgeführt werden. Allerdings sollte die Interpretation und die Integration der Ergebnisse Fachleuten vorbehalten bleiben.

Durchführung, Auswertung und Interpretation

Bei beiden Verfahren wird die Bearbeitungszeit gestoppt. Für den ZVT-G wird die durchschnittliche Bearbeitungszeit der zwei Durchgänge zu den Normen, die den Tabellen im Handbuch zu entnehmen sind, in Beziehung gesetzt. Man kann also ablesen, ob die individuelle Zeit und damit die kognitive Verarbeitungsgeschwindigkeit eher durchschnittlich, über- oder unterdurchschnittlich ausgeprägt ist.
Für den Trail Making Test sind keine Normen aus dem deutschsprachigen Raum vorhanden. Die im Handbuch angegebenen Normen sind die alten Reitan-Normen von 1958 und begrenzt brauchbar. Neuere Normen und eine detaillierte Beschreibung von Instruktionen und Auswertung werden von Spreen und Strauss (1998) gegeben.
Interessant und (differential-)diagnostisch unter Umständen relevant ist der Teil B des TMT, in dem ein Maß für die kognitive Flexibilität und die geteilte Aufmerksamkeit vorliegt. Es ist durchaus möglich, dass die reine Verarbeitungsgeschwindigkeit noch normal ist, während eine Bearbeitung des Teils B für den Probanden unmöglich ist. Es wurde daher auch vorgeschlagen, einen Unterschiedswert B-A zu bestimmen. In jedem Fall liefern Diskrepanzen zwischen beiden Testteilen einen deutlichen Hinweis auf das Vorliegen einer kognitiven Beeinträchtigung. Der Teil B hat sich außerdem als trennscharf zwischen Gesunden und beginnender Demenz gezeigt.
Wichtig ist, dass die Bearbeitung jedes Testteils (das gilt auch für den ZVT) nicht vier bis fünf Minuten übersteigen sollte. Danach sollte der Test abgebrochen werden, um den Patienten nicht unnötig zu strapazieren.

Dauer

Ca. 10 Minuten.

Praktischer Hinweis

Die hier vorgestellten Verfahren liefern ein Maß für die kognitive Verarbeitungsgeschwindigkeit. Eine Beeinträchtigung weist auf eine kognitive Störung hin, die auch im Rahmen einer demenziellen Entwicklung vorliegen kann, aber nicht für diese spezifisch ist. Als alleiniges Screening-Verfahren eignet sich daher keines der Verfahren.
Bei der Durchführung des TMT empfiehlt es sich, auf eine eventuelle Diskrepanz der Testleistungen zwischen beiden Testteilen zu achten. Da besonders beim Teil B Bearbeitungsschwierigkeiten auftreten können, sollte der Test spätestens nach fünf Minuten abgebrochen werden.

Autoren und Erscheinungsjahr

Reitan, R. (1958). Validity of the Trail Making Test as an indication of organic brain damage. Perception and Motor Skills, 8, 271–276.

Oswald, W.D. & Roth, E. (1987). Der Zahlen-Verbindungs-Test (ZVT). Göttingen: Hogrefe.

Oswald, W.D. & Fleischmann, U.M. (1995). Nürnberger-Alters-Inventar NAI. Göttingen: Hogrefe.

Spreen, O. & Strauss, E. (1998). A compendium of neuropsychological tests. New York: Oxford University Press.

Testbezug und Preis

Der TMT ist komplett für 92,– € bei der Testzentrale Göttingen (Adresse s. Anhang) zu beziehen (Manual in englischer Sprache).
NAI-Materialkosten ohne Testmanual 298,– €, Testmanual 49,95 € bei der Testzentrale Göttingen (Adresse s. Anhang). In 4. Auflage seit 1997 lieferbar. Die Untertests sind nicht einzeln bestellbar.

5.13 Uhrentest

Testcharakteristik

Bei dem Uhrentest handelt es sich um ein kognitives Screening-Verfahren, das verschiedene Funktionen erfasst. Dazu gehören die *visuell-räumliche Organisation* und das *abstrakte Denken*. Da der Test mehrere Funktionsbereiche involviert, ist er geeignet, um subtile Veränderungen in der globalen Leistungsfähigkeit zu beleuchten. Der Test wird sehr gut toleriert, er ist leicht durchzuführen, und er scheint relativ unbeeinflusst zu sein durch Alter, Sprache, Kultur oder Bildung. Zu anderen, ausführlicheren Testverfahren weist er eine akzeptable Korrelation auf. Er ist auch für Verlaufsuntersuchungen geeignet. Als Screening-Verfahren ist er vor allem in Kombination mit dem MMSE und einer Wortflüssigkeitsaufgabe zu empfehlen.

Beschreibung des Verfahrens

Der Test kann in verschiedenen Varianten durchgeführt werden. Standardinstruktion ist die Bitte an den Patienten, das Zifferblatt einer Uhr zu zeichnen, alle Zahlen einzutragen und die Zeiger auf eine bestimmte Uhrzeit einzustellen (am häufigsten verwendet: zehn Minuten nach elf). Die gewählte Uhrzeit scheint keine entscheidende Bedeutung zu haben. Wichtig ist in jedem Falle, das Einzeichnen einer Uhrzeit mit durchzuführen. Desgleichen ist das freie Zeichnen des Zifferblattes (in der Regel ein Kreis) nicht entscheidend. Es wurde auch empfohlen, nicht darauf hinzuweisen, dass zum Einzeichnen der Uhrzeit zwei Zeiger verwendet werden sollen. Im Rahmen der Früherkennung demenzieller Entwicklungen sind insbesondere das Einzeichnen der Uhrzeit und auch die Verteilung der Ziffern von Bedeutung. Erfahrungsgemäß treten erste Schwächen bei der Einzeichnung der Uhrzeit auf.

Eine Einarbeitung ist schnell möglich, der Test kann nach kurzem Training auch von Arzthelferinnen, Pflegepersonal u.a. durchgeführt werden. Wichtig ist die Beobachtung, wie der Patient die Aufgabe durchführt, z.B. wie lange er braucht und an welchen Stellen er zögert usw.

Mittlerweile erfreut sich der Uhrentest großer Beliebtheit, seine Anwendung im Screening-Bereich ist weit verbreitet.

Auswertung und Interpretation

Die Durchführung ist leicht und schnell, bezüglich der Auswertung und Interpretation wurden verschiedene Vorschläge gemacht. Eine allgemein akzeptierte Fassung gibt es bisher nicht. Wir empfehlen eine Anlehnung an die Shulman-Kriterien (s.u.).
Es können keine Schlussfolgerungen hinsichtlich der Lokalisation einer Störung gemacht werden. Desgleichen gibt der Test keine differentialdiagnostischen Hinweise.
Bei einem auffälligen Ergebnis sollten weitere neuropsychologische Untersuchungen erfolgen.

Dauer

2–5 Minuten.

Praktischer Hinweis

Vorsicht vor einer zu weit reichenden Interpretation der Zeichnung. Letztendlich kann nicht beurteilt werden, aufgrund welcher Defizite die Zeichnung fehlerhaft ist (räumlich, planerisch, konstruktive Praxie).
Wichtig ist bei diesem Verfahren die Verhaltensbeobachtung.

Autoren und Erscheinungsjahr

Verschiedene Autoren haben unterschiedliche Bewertungs- und Interpretationsvorschläge gemacht:

Brodaty, H. & Moore, C.M. (1997). The Clock Drawing Test for dementia of the Alzheimer's type: a comparison of three scoring methods in a memory disorders clinic. International Journal of Geriatric Psychiatry, 12, 619–627.

Shulman, K., Shedletsky, R. & Silver, I. (1986). The challenge of time. Clock drawing and cognitive function in the elderly. International Journal of Geriatric Psychiatry, 1, 135–140.

Shulman, K. et al. (1993). Clock-Drawing and dementia in the community: a longitudinal study. International Journal of Geriatric Psychiatry, 8, 487–496.

Sunderland, T. et al. (1989). Clock Drawing in Alzheimer's Disease. Journal of the American Geriatrics Society, 37, 725–729.

Wolf-Klein, G.P., Silverstone, F.A., Levy, A.P., Brod, M.S. & Breuer, J. (1989). Screening for Alzheimer's Disease by clock drawing. Journal of the American Geriatrics Society, 37, 730–734.

Testbezug und Preis

Besonderes Testmaterial ist nicht unbedingt erforderlich. Die Auswertungsrichtlinien (nach Shulman 1993) sind hier abgedruckt bzw. in oben genannten Literaturstellen zu finden.
Auf Anfrage erhält man bei den Firmen Pfizer GmbH und Novartis GmbH kostenlos Testmappen (Adressen s. Anhang).

Anweisungen zur Durchführung:

1. Geben Sie dem Patienten ein Blatt Papier mit einem vorgezeichneten Kreis. Zeigen Sie ihm, wo oben und unten ist.
2. Geben Sie dem Patienten folgende Anweisung: "Dies soll eine Uhr sein. Ich möchte Sie bitten, in diese Uhr die fehlenden Ziffern zu schreiben. Zeichnen Sie danach die Uhrzeit '10 nach 11' ein."
3. Machen Sie sich Notizen zur Ausführung der gestellten Aufgabe (Reihenfolge, Korrekturen etc.).
4. Bewerten Sie die angefertigte Zeichnung gemäß der untenstehenden Kriterien. Notieren Sie den Score zusammen mit Datum und Namen des Patienten auf dem Zeichenblatt.
5. Der validierte Cut-Off zur Unterscheidung zwischen Normalbefund einerseits und kognitiver Beeinträchtigung im Sinne einer evtl. vorliegenden Demenz andererseits liegt zwischen 2 und 3. Anders ausgedrückt: Ein Score von ≥ 3 Punkten ist als pathologisch anzusehen.

Bewertung (1 = ohne Fehler, 6 = keine Uhr erkennbar)

Score	Beschreibung	Beispiele
1	**"perfekt"** • Ziffern 1 - 12 richtig eingezeichnet • Zwei Zeiger, die die richtige Uhrzeit (11:10 Uhr) anzeigen	
2	**leichte visuell-räumliche Fehler** • Abstände zwischen Ziffern nicht gleichmäßig • Ziffern außerhalb des Kreises • Blatt wird gedreht, so daß Ziffern auf dem Kopf stehen • Pat. verwendet Linien ("Speichen") zur Orientierung	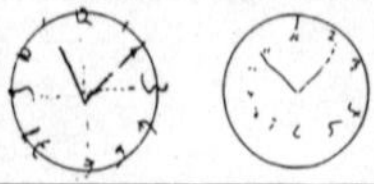
3	**Fehlerhafte Uhrzeit bei erhaltener visuell-räumlicher Darstellung der Uhr** • nur ein Zeiger • "10 nach 11" (o. ä.) als Text hingeschrieben • keine Uhrzeit eingezeichnet	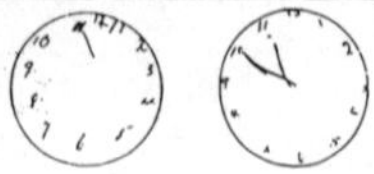
4	**Mittelgradige visuell-räumliche Desorganisation, so daß ein korrektes Einzeichnen der Uhrzeit unmöglich wird** • unregelmäßige Zwischenräume • Ziffern vergessen • Perserveration: wiederholt den Kreis, Ziffern jenseits der 12 • Rechts-Links-Umkehr (Ziffern gegen den Uhrzeigersinn) • Dysgraphie - keine lesbare Darstellung der Ziffern	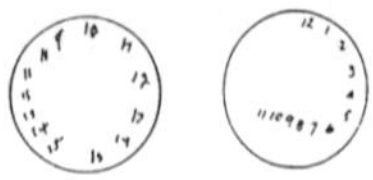
5	**Schwergradige visuell-räumliche Desorganisation** • wie unter (4) beschrieben, aber stärker ausgeprägt	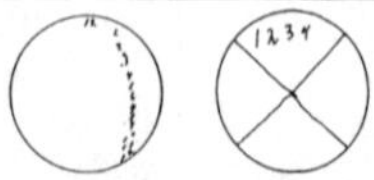
6	**keinerlei Darstellung einer Uhr** **(cave: Ausschluß Depression / Delir !)** • kein wie auch immer gearteter Versuch, eine Uhr zu zeichnen • keine entfernte Ähnlichkeit mit einer Uhr • Pat. schreibt Wort oder Name	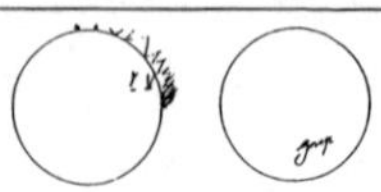

Abb. 5-11 Uhrentest (modifiziert nach Shulman 1993).

5.14 Wechsler Gedächtnistest – Revidierte Fassung (WMS-R) – Untertest „Logisches Gedächtnis"

Testcharakteristik

Mit der WMS-R liegt eine Testbatterie vor, die für den gesamten klinisch-neuropsychologischen Gebrauch entwickelt wurde. Das heißt, es handelt sich nicht um ein Verfahren, das speziell der Diagnostik und Beschreibung demenzieller Entwicklungen dient. Das Verfahren enthält eine Reihe verbaler und nonverbaler Kurzzeit- und Langzeitgedächtnisaufgaben, aus denen verschiedene Indizes gebildet werden können. Außerdem werden Aufmerksamkeitsfunktionen erfasst. Eine Normierung liegt für 7 Altersgruppen von 16 bis 75 Jahren vor.
Hier soll lediglich auf den Untertest *„Logisches Gedächtnis“* eingegangen werden, der immer häufiger bei der Diagnostik und Verlaufsbeobachtung von leichten Demenzen bzw. bei Verdacht auf eine demenzielle Entwicklung eingesetzt wird. In diesem Untertest ist das Nacherzählen zweier Kurzgeschichten gefordert. Äußerst positiv ist, dass er sich durch eine hohe Alltagsrelevanz auszeichnet, und dass eine Vergleichbarkeit vorliegt z.B. zur Fähigkeit, einen Zeitungsbericht oder einen Gesprächsinhalt wiederzugeben. Er ist zügig durchzuführen und kann einzeln ausgewertet werden. Allerdings ist bei Personen, die älter als 75 Jahre sind, Vorsicht bei der Verwendung der Vergleichswerte geboten, da ihre Leistung unterschätzt werden könnte.

Beschreibung des Verfahrens

Der Untertest „Logisches Gedächtnis“ ist ein Maß für das episodische Gedächtnis und besteht aus zwei Kurzgeschichten (je 25 Segmente), die dem Probanden jeweils einmal vorgelesen werden. Im Anschluss an das Vorlesen muss die jeweilige Geschichte so genau wie möglich wiedergegeben werden.
Nach einer halben Stunde muss noch einmal von beiden Geschichten so viel wie möglich abgerufen werden.

Auswertung und Interpretation

Die Geschichten sind unterteilt in Segmente oder kleine Abschnitte, die mit einem Punkt bewertet werden, wenn das ganze Segment korrekt wiedergegeben wurde. Im Handbuch sind Bewertungsbeispiele gegeben, welche Antworten noch als richtig oder bereits als falsch zu bewerten sind. Jedes als richtig bewertete Segment zählt einen Punkt. Die Punkte von beiden Geschichten werden sowohl bei der sofortigen Wiedergabe als auch bei der verzögerten Wiedergabe zusammengezählt und ergeben zwei Ergebniswerte. Beide Ergebniswerte können in Beziehung zu Prozentrangwerten gesetzt werden, die im Handbuch für jede Altersgruppe angegeben sind. Unterdurchschnittliche Ergebnisse weisen auf eine Störung des episodischen Gedächtnisses hin.
Zu beachten ist, dass besonders bei diesem Untertest der Bildungsgrad einen Einfluss auf das Testergebnis hat. Die Vergleichswerte sind nicht bildungskorrigiert, so dass man bei der Interpretation besondere Vorsicht walten lassen muss.

Dauer

Die Durchführungsdauer der kompletten WMS-R-Testbatterie beträgt je nach Kooperationsfähigkeit des Probanden zwischen 45 und 60 Minuten, die Durchführung der Kurzfassung beträgt ca. 30 Minuten.
Der Untertest „Logisches Gedächtnis“ nimmt höchstens 2 × 10 Minuten in Anspruch. Vor dem verzögerten Abruf sollten allerdings 30 Minuten liegen.

Praktischer Hinweis

Es ist darauf zu achten, langsam und deutlich zu lesen, so dass jedes Wort verstanden werden kann. Das 30-Minuten-Intervall zwischen beiden Testteilen sollte man einhalten. Auch hier ist besonders auf die verzögerte Wiedergabe zu achten, die sich als sensitiv bei beginnenden demenziellen Entwicklungen erwiesen hat.

Autoren und Erscheinungsjahr

Härting, C. et al. (Hrsg.) (2000). WMS-R Wechsler Gedächtnistest – revidierte Fassung. Deutsche Adaptation der revidierten Fassung der Wechsler Memory Scale. Bern: Verlag Hans Huber.

Testbezug und Preis

Testbatterie komplett mit Manual 418,– € bei der Testzentrale Göttingen (Adresse s. Anhang). Leider werden die Untertests nicht in Einzelversionen angeboten.

LOGISCHES GEDÄCHTNIS II (TEXTREPRODUKTION) Führen Sie diesen Untertest 30 Minuten nach Logisches Gedächtnis I durch. Jede Bedeutungseinheit wird mit 1 Punkt bewertet (s. Anhang A für die Bewertungskriterien).	Punkte
Geschichte A Abrufhilfe: ___ ja ___ nein	
Anna / Schmidt / aus einem Hamburger / Vorort, / die als Putzfrau /	___
in einer Werks- / kantine / arbeitete, / meldete / auf dem Polizei- /	___
präsidium, / daß man sie in der Nacht zuvor / auf der Schloßstraße / überfallen /	___
und um 86 Mark / beraubt hatte. / Sie hatte 4 / kleine Kinder, /	___
die Miete war fällig, / und sie hatten seit 2 Tagen / nichts gegessen. / Die Polizisten /	___
waren von der Geschichte der Frau gerührt / und machten eine Sammlung / für sie.	___
Maximum = 25 Geschichte A Gesamt	

Abb. 5-12 Wechsler Gedächtnistest – Revidierte Fassung (WMS-R), Untertest „Logisches Gedächtnis"; © 2000 Verlag Hans Huber, Bern.

5.15 FAS-Test „Tieraufgabe" und „Supermarktaufgabe" zur Wortflüssigkeit

Testcharakteristik

Die Tests zur Wortflüssigkeit wollen die Fähigkeit zur spontanen Produktion von Wörtern in einer bestimmten Zeitspanne überprüfen. Die Wortflüssigkeit stellt dabei ein Maß für vorhandene sprachliche Fertigkeiten oder auch ein Maß für das semantische Gedächtnis dar. Sie kann in zwei Varianten erfasst werden, nämlich der *semantischen* und der *phonemischen Wortflüssigkeit*. Erstere erfordert Begriffe einer bestimmten Kategorie (z.B. Tiere) zu nennen, letztere Begriffe mit bestimmten Anfangsbuchstaben (z.B. F, A und S) zu produzieren.
Die semantische Wortflüssigkeit ist am Anfang einer demenziellen Entwicklung beeinträchtigt, dies gilt u.a. für die Alzheimersche Erkrankung und die Frontalhirndemenzen. Da der FAS-Test vor allem in frühen Stadien der Frontalhirndemenz Beeinträchtigungen aufweist, kann man ihn als klassischen Frontalhirntest bezeichnen.
Die Überprüfung der Wortflüssigkeit ist leicht und zügig durchführbar, wird von Patienten gut toleriert und sollte neben MMSE und Uhrentest zum Screening-Inventar gehören. In der Testbatterie CERAD ist eine semantische Wortflüssigkeitsaufgabe (die „Tieraufgabe") enthalten.

Beschreibung des Verfahrens

Außer einer Stoppuhr ist kein spezielles Material erforderlich. Die Instruktion ist die Bitte an den Patienten, so viele Wörter wie möglich mit einem bestimmten Anfangsbuchstaben aufzuzählen. Am häufigsten werden die Buchstaben F, A und S verwendet. Für jeden Buchstaben (F, A, S) hat der Patient eine Minute Zeit. Eigennamen und Ableitungen sind bei der phonemischen Wortflüssigkeit ausgeschlossen. Bei der „Tieraufgabe" (häufig wird auch die so genannte „Supermarktaufgabe" verwendet) ist die Bitte, in einer Minute so viele Tiere wie möglich aufzuzählen.
Zwischendurch sollte der Patient mit „sehr gut" oder „weiter so" ermutigt werden. Wenn er 15 Sekunden nichts sagt, sollte die Instruktion noch einmal wiederholt werden. Alle Wörter werden mitgeschrieben, dann fällt die Auswertung leichter.

Auswertung und Interpretation

Die Anzahl der korrekten Wörter ist das Testergebnis. Bei der FAS-Variante zählt die Summe aller drei Durchgänge, bei der Tier- oder Supermarktaufgabe die Summe produzierter Wörter nach einer Minute.
Normen sind bei Spreen und Strauss (1998) veröffentlicht.
Für die Tieraufgabe sind die Normen aus der CERAD empfehlenswert. Dort sind auch genaue Instruktionen angegeben, an die man sich halten sollte. Auswertungshinweise, welche Wörter als korrekt bzw. als nicht korrekt zu werten sind, werden ebenfalls gegeben.
Generell gilt, dass die Leistung bildungs- und altersabhängig ist. Dennoch kann grob festgehalten werden, dass bei der FAS-Variante alle Werte unter insgesamt 18 Wörtern als auffällig zu bewerten sind, bei der Tieraufgabe alle Ergebnisse, die unter 12 Wörtern liegen.

Dauer

5–10 Minuten.

Praktischer Hinweis

Eine gute Einleitung und Instruktion sind wichtig, damit der Patient nicht befremdet ist. Außerdem sollte man ihn immer ermuntern, weiterzumachen und sich noch mehr auszudenken.
Bei deutlich auffälligem Ergebnis liegt ein Hinweis auf eine Störung in der Wortproduktion vor, die allerdings verschiedene Ursachen haben kann; sie ist nicht spezifisch für eine Demenz. Das Ergebnis ist nur im Zusammenhang mit anderen Testergebnissen zu sehen.

Autoren und Erscheinungsjahr

Spreen, O. & Strauss, E. (1998). A compendium of neuropsychological tests. New York: Oxford University Press.

Testbezug und Preis

Es ist kein spezielles Testmaterial erforderlich.

6 Erfassung des Demenz-Schweregrades

6.1 Allgemeines

Skalen zur Schweregradeinschätzung

Maße zur Schweregradeinschätzung machen Aussagen darüber, inwieweit die selbstständige Alltagsführung (z.B. Durchführung sozialer Aktivitäten, praktische Tätigkeiten, Körperpflege) aufgrund der kognitiven Einbußen eingeschränkt ist. Sie liefern Informationen über ein breites Spektrum klinisch bedeutungsvoller Funktionen und Verhaltensweisen und sind daher Bestandteil jeder Medikamentenstudie. Sie eignen sich zur Verlaufsbeobachtung und sind bedeutsam zur Beurteilung des Therapieerfolges. Es werden Veränderungen im Verhalten im Vergleich zum individuellen Ausgangsstatus (so genanntes prämorbides Leistungsniveau) beurteilt, so dass kulturelle oder Bildungsunterschiede nicht von Bedeutung sind. Dadurch erhalten die Skalen eine hohe Gültigkeit. Die meisten Skalen integrieren die Informationen aus verschiedenen Bereichen zu einem Gesamtscore.

ADL und IADL – Aktivitäten des täglichen Lebens und instrumentelle Aktivitäten des täglichen Lebens

Störungen bei den Aktivitäten des täglichen Lebens, die zur Einschränkung der selbstständigen Lebensgestaltung führen, sind nicht selten Gegenstand großer Beunruhigung auf Seiten des Patienten und des Angehörigen. Grundsätzlich sind zwei Arten der Aktivitäten des täglichen Lebens zu unterscheiden: der Bereich der *Grundpflegeparameter*, darunter fallen u.a. Essen, Waschen, Laufen und Toilettengang. *Instrumentelle Aktivitäten* des täglichen Lebens beinhalten demgegenüber komplexere Tätigkeiten wie beispielsweise Telefonieren, Kochen oder eine selbstständige Haushaltsführung. Die Überprüfung derarti-

ger Funktionen ist wesentlicher Bestandteil klinischer Praxis und häufig eine entscheidende Prüfvariable in Interventionsstudien. Bei der stationären Aufnahme oder Heimeinweisung stellen sie eine bedeutsame Größe dar. Im Verlauf einer demenziellen Entwicklung bereiten zunächst die instrumentellen Aktivitäten Schwierigkeiten.
In Zukunft wird der ADL-Erfassung möglicherweise eine bedeutsamere Rolle sowohl in der Diagnostik als auch in der Verlaufskontrolle zukommen. Ein möglicher Nutzen von Therapien zeigt sich eher im Alltagsverhalten und ist für Patienten und Angehörige von größerer Relevanz als eine diskrete Verbesserung in einem kognitiven Test. In jedem Falle sollte eine Diagnostik und Verlaufskontrolle neben der kognitiven Testung immer eine ADL-Einschätzung enthalten (s. Kap. 6.4).

6.2 Clinical Dementia Rating (CDR)

Skalencharakteristik

Im CDR wird der Schweregrad der demenzbedingten Beeinträchtigung in sechs verschiedenen Kategorien unabhängig voneinander beurteilt. Dazu werden Patient und Angehöriger befragt. Zum Abschluss des Interviews wird aus allen Kategorien ein Gesamtscore ermittelt. Das CDR ist weit verbreitet und Bestandteil vieler großer Studien und gehört zum Standard der Demenzdiagnostik. Es werden zudem sehr gute Reliabilitäten und Validitäten berichtet.
Positiv hervorzuheben ist die ausführliche Erhebung und Beschreibung der einzelnen Bereiche. Hierin liegt aber gleichzeitig das praktische Problem der Durchführbarkeit im niedergelassenen Bereich. Andererseits sind viele Informationen, die im CDR erhoben werden, ohnehin nach einer Anamnese, Fremdanamnese und Testung vorhanden. Diese Informationen können für die CDR-Einschätzung verwendet werden.
Der gesamte Bereich der Verhaltensstörungen wird nicht mit erfasst und fließt daher auch nicht in die Schweregradbeurteilung mit ein. Insbesondere fehlen auch die Einschätzung der Veränderungen der sprachlichen Leistungen und der Veränderungen des Affekts. Häufig werden bereits Erweiterungen um diese beiden Komponenten vorgenommen.

Beschreibung des Verfahrens

Das CDR gehört zu den bekanntesten und am häufigsten verwendeten Instrumenten zur Schweregradeinschätzung bei Demenz. Es ist Bestandteil praktisch jeder großen Medikamentenstudie. Das CDR ist ein halbstrukturiertes Interview, das zum großen Teil mit dem Angehörigen und zum Teil mit dem Patienten durchgeführt wird. In dem Teil, der mit dem Patienten durchgeführt wird, hat das CDR Testcharakter. Die erhobenen Informationen ermöglichen die Einschätzung der kognitiven Leistungsfähigkeit in folgenden sechs Kategorien:

- Gedächtnis
- Orientierungsvermögen
- Urteilsvermögen und Problemlösung
- Leben in der Gemeinschaft
- Haushalt und Hobbys
- Körperpflege

Die Anwendung des CDR setzt eine gründliche Beschäftigung mit dem Material bzw. ein Training voraus. Sie sollte daher Fachleuten vorbehalten bleiben. Die Arbeitsgruppe des Alzheimer‘s Disease Research Center in St. Louis, die sich der Übersetzung und Verbreitung des CDR angenommen hat, bietet daher ein kostenloses Training über ihre Webseite (www.adrc.wustl.edu) an. Unter unten stehender Adresse kann gegen einen angemessenen Preis eine Übungs-CD angefordert werden.

Auswertung und Interpretation

Aufgrund aller erhobenen Informationen wird für jede Kategorie ein klinisches Urteil gebildet, dafür wird jede Kategorie jeweils von 0 (keine Einbußen) bis 3 (schwere Einbußen) eingeschätzt. Dabei ist der Vergleichsmaßstab immer das individuelle prämorbide Leistungsniveau. Die aufgeführten 6 Bereiche sollen möglichst unabhängig voneinander bewertet werden, da in den einzelnen Bereichen oft ein unterschiedlicher Grad der Beeinträchtigung besteht. Der CDR-Gesamtwert wird nach bestimmten Regeln aus einer Synthese der Einzelbewertungen gebildet. Für den komplizierten Auswertungsalgorithmus liegt eine Internetseite vor (http://www2.biostat.wustl.edu/~adrc/cdrpgm/index.html). Hier müssen lediglich die sechs Einzelbewertungen eingegeben werden, das Programm ermittelt den Gesamtwert.

Sowohl die einzelnen Bereiche als auch die zusammenfassende Gesamtbeurteilung werden folgendermaßen vorgenommen:

Keine Demenz	Fragliche Demenz	Leichte Demenz	Mittelschwere Demenz	Schwere Demenz
CDR 0	CDR 0,5	CDR 1	CDR 2	CDR 3

Für die Einzelbewertungen liegen Einschätzungshilfen vor, zum Beispiel welche Störung in der Orientierung mit einem CDR von 1 zu bewerten ist.
Für die Verlaufsbeobachtung hat sich der Gesamtwert bewährt. Dieser wird in vielen Medikamentenstudien als wichtiger Indikator zur Wirksamkeit herangezogen.

Dauer

Die Durchführungsdauer beträgt ca. eine Stunde. Patient und Angehöriger sollten getrennt befragt werden.

Praktischer Hinweis

Es dürfen nur Veränderungen aufgrund von kognitiven Einbußen in die Beurteilung eingehen. Beeinträchtigungen beispielsweise bei der Körperpflege aufgrund einer körperlichen Behinderung werden nicht mit bewertet.
Alle in einer klinischen Untersuchung erhobenen Informationen können für die CDR-Einschätzung verwendet werden. So kann die Durchführungsdauer erheblich reduziert werden. Die zusammenfassende Übersichtstabelle ist unten einzusehen.

Autoren und Erscheinungsjahr

Berg, L. (1988). Clinical Dementia Rating (CDR). Psychopharmacol Bulletin, 24, 637–639.

Hughes, C.P., Berg, L., Danziger, W.L., Coben, L.A. & Martin, R.L. (1982). A new clinical scale for the staging of dementia. British Journal of Psychiatry, 140, 566–572.

Morris, J.C. (1993). The Clinical Dementia Rating (CDR): Current version and scoring rules. Neurology, 43, 2412–2414.

Morris, J.C. (1997). Clinical Dementia Rating: A reliable and valid diagnostic and staging measure for Dementia of the Alzheimer Type. International Psychogeriatrics, 9, 173–176.

Morris, J.C. et al. (1997). Clinical Dementia Rating training and reliability in multicenter studies: The Alzheimer's Disease Cooperative Study experience. Neurology, 48, 1508–1510.

Testbezug, Preis und Anmerkung

Das gesamte klinische Interview ist nicht im Handel erhältlich. Es gibt allerdings nicht autorisierte deutsche Fassungen, die für Pharmastudien entwickelt wurden.
Unter der folgenden Internetadresse der Washington University School of Medicine in St. Louis, Department of Neurology, sind verschiedenste Informationen zum CDR zu finden: http://www.adrc.wustl.edu. Von einer Einführung über den Aufbau des CDR über den CDR-Auswertungs-Algorithmus bis hin zu einem Online-Training sind Links vorhanden. Außerdem wird in Kürze eine Download-Möglichkeit des gesamten CDR in 17 Übersetzungen vorhanden sein, darunter auch die deutsche Übersetzung.
Das CDR wurde in dem Memory-and-Aging-Projekt des Alzheimer's Disease Research Center (ADRC), Department of Neurology, Washington University School of Medicine, St. Louis, Missouri, USA, entwickelt. Das ADRC ist Besitzer des Copyright. Bei Anwendung des CDR in Klinik und Forschung bittet die Arbeitsgruppe daher, informiert zu werden, um die Copyright-Fragen klären zu können.
Bei Interesse, den CDR einzusetzen, werden von der Arbeitsgruppe des ADRC folgende Adressen zur Kontaktaufnahme empfohlen:

Kontaktaufnahme über E-mail:
adrc-info@wubios.wustl.edu oder adrcedu@abraxas.wustl.edu

oder eine Benachrichtigung an:
Education Director, Alzheimer's Disease Research Center
Washington University School of Medicine,
4488 Forest Park Ave., Suite 130, St. Louis, MO 63108
Tel. (314) 286-2881, Fax (314) 286-2763

Klinische Einschätzung des Schweregrades einer Demenz (CDR)	0	0.5	1	2	3

	Beeinträchtigung				
	Keine 0	Fraglich 0.5	Leicht 1	Mäßig 2	Schwer 3
Gedächtnis	Kein Gedächtnisverlust oder leichte, nicht ständig auftretende Vergesslichkeit	Beständige leichte Vergesslichkeit; teilweise Erinnerung an Ereignisse; "gutartige" Vergesslichkeit	Mäßiger Gedächtnisverlust; auffälliger bei kurz zurückliegenden Ereignissen; Defekt beeinträchtigt Alltagsaktivitäten	Schwerer Gedächtnisverlust; nur sehr gut Gelerntes wird behalten, neue Informationen gehen schnell wieder verloren	Schwerer Gedächtnisverlust; es bleiben nur Fragmente
Orientierungs-vermögen	vollständig orientiert	vollständig orientiert, nur leichte Schwierigkeiten mit Zeitzusammenhängen	Mäßige Schwierigkeiten mit Zeitzusammenhängen; am Untersuchungsort räumlich orientiert; kann woanders Probleme mit der geographischen Orientierung haben	Große Schwierigkeiten mit Zeitzusammenhängen; normalerweise keine zeitliche Orientierung, oft auch keine räumliche	Ist nur zur eigenen Person orientiert
Urteilsvermögen und Problemlösung	Löst alltägliche Probleme und bewältigt geschäftliche und finanzielle Angelegenheiten gut; Urteilsvermögen verglichen mit früherer Leistungsfähigkeit gut	Leicht beeinträchtigt beim Lösen von Problemen und beim Beurteilen von Ähnlichkeiten und Unterschieden	Mäßige Schwierigkeiten bei der Bewältigung von Problemen und im Beurteilen von Ähnlichkeiten und Unterschieden; soziale Urteils-fähigkeit normalerweise erhalten	Stark beeinträchtigt bei der Bewältigung von Problemen und im Beurteilen von Ähnlichkeiten und Unterschieden; soziale Urteilsfähigkeit normalerweise beeinträchtigt	Unfähig etwas zu beurteilen oder Probleme zu bewältigen
Leben in der Gemeinschaft	Normale Leistungsfähigkeit und Selbständigkeit bei der Arbeit, beim Einkaufen, in ehrenamtlichen Tätigkeiten und bei Aktivitäten mit anderen	Leichte Beeinträchtigung dieser Aktivitäten	Kann bei diesen Aktivitäten nicht selbständig etwas leisten, auch wenn er diese zum Teil noch ausübt; erscheint bei flüchtiger Betrachtung normal	Gibt nicht vor, außerhalb von zu Hause selbständig leistungsfähig zu sein Erscheint nach außen gesund genug, um ihn/sie zu Festlichkeiten außerhalb von zu Hause mitzunehmen	Erscheint nach außen zu krank, um ihn/sie zu Festlichkeiten außerhalb von zu Hause mitzunehmen
Haushalt und Hobbys	Das Leben zu Hause, Hobbys und intellektuelle Interessen sind gut erhalten	Das Leben zu Hause, Hobbys und intellektuelle Interessen sind ein wenig beeinträchtigt	Leichte aber eindeutige Beein-trächtigung der Leistungsfähigkeit zu Hause; schwierigere Aufgaben werden nicht mehr ausgeführt; kompliziertere Hobbys und Interessen werden aufgegeben	Nur einfache Aufgaben werden aufrechterhalten; stark eingeschränkte Interessen, schlecht aufrechterhalten	Keine nennenswerte Leistungsfähigkeit zu Hause
Körperpflege	Vollständig in der Lage, sich um sich selbst zu kümmern		Muss aufgefordert werden	Benötigt Hilfe beim Anziehen, bei der Körperpflege, bei der Aufbewahrung persönlicher Gegenstände	Benötigt viel Hilfe bei der Körperpflege; häufig inkontinent

Bewerten Sie nur die Verschlechterung im Vergleich zum früheren Zustand, die auf kognitive Beeinträchtigung zurückzuführen ist, nicht die Beeinträchtigung aus anderen Gründen.

Abb. 6-1 Klinische Einschätzung des Schweregrades einer Demenz (CDR), Deutsche Version des CDR; © Washington University, St. Louis, MO.

6.3 Reisberg-Skalen: Brief Cognitive Rating Scale (BCRS), Global Deterioration Scale (GDS), Functional Assessment Staging (FAST)

Skalencharakteristik

Bei allen drei Skalen handelt es sich um Beurteilungsskalen, die eine Schweregradeinschätzung der Demenz ermöglichen. Sie erfordern jeweils ein mindestens 10–15-minütiges Interview, das in der Regel auch die Anwesenheit eines Angehörigen voraussetzt. Diese ist bei mittlerer bis schwerer Beeinträchtigung unabdingbar. Die jeweiligen Beurteilungsbereiche und Beurteilungsrichtlinien der Skalen sind recht gut operationalisiert. Die Brief Cognitive Rating Scale (BCRS) bietet zudem für die Hauptachsen (s. unten) Richtlinien für die Befragung des Patienten. Sie ist außerdem im Vergleich zur Global Deterioration Scale (GDS) weit ausführlicher und differenzierter. Die Functional Assessment Staging Skala (FAST) konzentriert sich auf die Beschreibung von Alltagsaktivitäten mit genauer Beurteilung der schweren Demenzstadien.

Jede Skala kann für sich angewendet werden und eine Schweregradeinschätzung liefern. Es liegen Validierungen aus dem deutschen Sprachraum vor. Alle Skalen haben bei der Früherkennung von Demenzen einen begrenzten Nutzen, da sie in diesem Bereich eine geringe Sensitivität und Spezifität aufweisen.

Die Durchführung der klinischen Interviews und die Beurteilung erfordern profunde Kenntnis im Bereich der Demenzerkrankungen und sollten daher Fachleuten vorbehalten bleiben.

Beschreibung der Verfahren

BCRS: Die BCRS besteht aus folgenden zehn Beurteilungsbereichen, wobei die ersten fünf die *Hauptachsen* und die letzten fünf die *Nebenachsen* darstellen:

- Konzentration
- Kurzzeitgedächtnis
- Langzeitgedächtnis

- Orientierung
- Alltagskompetenz und selbstständige Versorgung

- Sprache
- Psychomotorik
- Stimmung und Verhalten
- Konstruktive Zeichenfähigkeit
- Rechenfähigkeit

Für jede Achse nimmt der Interviewer eine Beurteilung des Schweregrades auf einer von 1 bis 7 („keine Beeinträchtigung" bis „sehr schwere Beeinträchtigung") reichenden Skala vor. Dabei müssen Bildungsstand, kultureller Hintergrund und das Verhalten im Interview in die Beurteilung mit eingehen. Außerdem gilt es, Angaben des Patienten und des Angehörigen zu integrieren. Für die fünf Hauptachsen sind Anregungen für die Testfragen an den Patienten gegeben. Außerdem liegen immer Beurteilungshilfen in Form von Beschreibungen vor. Bei der **Auswertung** wird für jede Achse ein Beeinträchtigungsgrad ermittelt und festgehalten. Diese werden summiert und gemittelt. Der Mittelwert ist das Ergebnis des klinischen Interviews.

GDS: Die GDS beschreibt 7 Stadien kognitiver Leistungseinbußen. Vor dem klinischen Interview sollte man sich mit den Operationalisierungen der Stadien vertraut machen, so dass die Fragen nach den erforderlichen Informationen in das Interview einfließen können. Die GDS ist im Gegensatz zur BCRS eine reine Fremdbeurteilungsskala. Die Einordnung erfolgt in eines der Stadien von „keine Leistungseinbußen" (1) bis zu „sehr schwere kognitive Leistungseinbußen" (7). Zur **Auswertung** wird lediglich das für am zutreffendsten befundene Stadium angekreuzt. Die GDS-Stadien korrelieren hoch mit anderen neuropsychologischen Verfahren. Außerdem wurden zufrieden stellende Reliabilitäten nachgewiesen.

FAST: Die FAST ermöglicht eine genauere Beschreibung für den Beurteilungsbereich V (Alltagskompetenz und selbstständige Versorgung) aus der BCRS. Es handelt sich hier also um eine demenzspezifische ADL-Skala (s. Kap. 6.4). Die schweren Demenzstadien erfahren dabei eine besondere Berücksichtigung. Insgesamt besteht die FAST aus

7 Stadien. Die Stadien 6 und 7, die den Bereich der schweren Demenzen beschreiben, sind in weitere Unterstadien eingeteilt. Die Einordnung in eines der Stadien erfolgt nach einem klinischen Interview mit dem Angehörigen, in das die in der Skala enthaltenen Symptome mit einfließen sollten. Das schwerste vorhandene Symptom entspricht dem Ergebnis und damit der Stadienzuteilung.

Dauer

Die Durchführungsdauer beträgt jeweils ca. 15 Minuten. Bei paralleler Anwendung aller Skalen überschneiden sich die zu erhebenden Informationen, so dass sich die Durchführungsdauer entsprechend verkürzt.

Praktischer Hinweis

Bei den hier vorgestellten Skalen handelt es sich um Maße zur Schweregradeinschätzung von Demenzen. Sie stellen somit keine Screening- oder Testverfahren dar, die sich zur Früherkennung einer demenziellen Entwicklung eignen. Sie sind besonders zur Verlaufsbeobachtung geeignet und werden auch häufig als solche in Medikamentenstudien eingesetzt.
Erfahrungsgemäß hat es sich bewährt, Patienten und Angehörige getrennt zu befragen. Vor Anwendung der Skalen sollte man sich mit den jeweiligen Kriterien und Operationalisierungen vertraut machen.

Autoren und Erscheinungsjahr

Ihl, R. & Frölich, L. (1991). Die Reisberg-Skalen ***GDS BCRS FAST*** – Manual. Weinheim: Beltz-Test.

Reisberg, B., Schneck, M.K., Ferris, S.H., Schwartz, G.E. & deLeon, M.J. (1983). The brief cognitive rating scale ***(BCRS):*** Findings in primary degenerative dementia (PDD). Psychopharmacology Bulletin, 19, 47–50.

Reisberg, B. & Ferris, S.H. (1988). Brief Cognitive Rating Scale ***(BCRS).*** Psychopharmacology Bulletin, 24, 629–636.

Reisberg, B., Ferris, S.H., deLeon, M.J. & Crook, T. (1982). The global deterioration scale ***(GDS)*** for assessment of primary degenerative dementia. American Journal of Psychiatry, 139, 1136–1139.

Reisberg, B., Ferris, S.H., deLeon, M.J. & Crook, T. (1988a). The Global Deterioration Scale ***(GDS)***. Psychopharmacology Bulletin, 24, 661–663.

Reisberg, B. (1988). Functional assessment staging ***(FAST)***. Psychopharmacology Bulletin, 24, 653–659.

Testbezug und Preis

Die komplette Mappe, bestehend aus Manual und Fragebögen, ist für 62,– € bei der Testzentrale Göttingen (Adresse s. Anhang) zu beziehen.

Name: ______________________ Datum: ______________________

Bildungsstand: ______________________ Untersucher: ______________________

Begleitperson: ______________________ Beziehung zum Patienten: ______________________

Aktuelle Medikation: ______________________ ______________________

Kommentar: ____

____

GDS

Stadium	1	2	3	4	5	6	7
Klinische Beurteilung	normal		leicht		mittel		schwer

BCRS

Items

Punktwert	1	2	3	4	5	6	7	8	9	10
1										
2										
3										
4										
5										
6										
7										

	Hauptachsen	Nebenachsen	Gesamt
Summe			
Mittel			

FAST

Stadium	1	2	3	4	5	6a	6b	6c	6d	6e	7a	7b	7c	7d	7e	7f

Abb. 6-2 Reisberg-Skalen: Auswertebogen.
Brief Cognitive Rating Scale (BCRS), Global Deterioration Scale (GDS), Functional Assessment Staging (FAST); © by Beltz Test GmbH, Göttingen.

6.4 ADL-Skalen („Activities of daily living"), IADL-Skalen („Instrumental activities of daily living")

Skalencharakteristik

Die drei Skalen, die hier zur näheren Beschreibung ausgewählt wurden, werden entweder vom Interviewer oder vom Angehörigen ausgefüllt. Sie bestehen jeweils aus einer Auflistung von Tätigkeitsbereichen und der Einschätzung, inwieweit diese selbstständig ausgeführt werden können.
Im Verlauf einer Demenzerkrankung sind zunächst IADL-Skalen von Bedeutung, da die darin erhobenen Fertigkeiten früh beeinträchtigt sein können. Erst im weiteren Verlauf kommt es zur Einschränkung auch der ADL-Leistungen. Für Langzeituntersuchungen wäre eine Kombination beider Skalen wünschenswert, die den demenzspezifischen Abbauprozess beinhaltet. Die Reisberg-Skala FAST (s. Kap. 6.3) beinhaltet beide Extreme, sie differenziert allerdings nur gut für die schweren Demenzstadien. Für die Früherkennung eignet sich die B-ADL Skala, die eigens für diesen Zweck entwickelt wurde.
ADL- bzw. IADL-Skalen liefern wichtige Zusatzinformationen zu neuropsychologischen Testergebnissen in zweierlei Beziehung: Personen mit überdurchschnittlich hohem prämorbiden Leistungsniveau können in den Testwerten noch durchaus normale Ergebnisse erzielen, weisen aber in den Alltagsaktivitäten bereits Einschränkungen auf, die für die Angehörigen beobachtbar sind. Umgekehrt können Personen mit prämorbid unterdurchschnittlichen Leistungen auffällige Testwerte aufweisen, zeigen aber in den Alltagsaktivitäten keinerlei Auffälligkeiten. In den ADL/IADL-Skalen wird zur Beurteilung stets das individuelle Ausgangsniveau als Vergleichsmaßstab herangezogen. Für den Diagnostiker gilt es, die Informationen aller Quellen optimal zu integrieren. Für die Diagnose eines Demenzsyndroms muss eine Beeinträchtigung in der selbstständigen Alltagsbewältigung vorliegen.

Beschreibung der Verfahren

Barthel-Index: Der Barthel-Index ist eine der ältesten und am häufigsten verwendeten ADL-Skalen in diesem Bereich. Er erfasst die körperliche Beeinträchtigung bei älteren Patienten mit der Überprüfung folgender 10 Funktionen:

- Essen
- Umlagern (Rollstuhl/Bett)
- Körperpflege
- Toilettenbenutzung
- Baden
- Gehen
- Treppensteigen
- An- und Auskleiden
- Blasenkontinenz
- Stuhlkontinenz

Die einzelnen Funktionen gehen gewichtet mit Punktwerten zwischen 1 und 10 in die **Auswertung** ein. Die Gesamtsumme kann also zwischen 0 und 100 variieren, wobei 100 Punkte eine Selbstständigkeit in allen überprüften Funktionen repräsentiert. Reliabilität, Validität und klinische Brauchbarkeit sind als sehr gut zu beurteilen. Die Skala ist sowohl für den Rahmen des geriatrischen Assessment als auch zur Verlaufsbeobachtung zu empfehlen.

IADL-Skala nach Lawton und Brody: Diese Skala wird häufig verwendet und erfasst folgende Bereiche, die in einer Fremdanamnese erhoben werden sollten:

- Telefonieren
- Einkaufen
- Kochen
- Haushaltsführung
- Wäsche waschen
- Benutzen von Verkehrsmitteln
- Einnahme von Medikamenten
- Regelung der Finanzen

Für jeden Bereich werden Abstufungen von Selbstständigkeit bis Unselbstständigkeit beschrieben, die als Beurteilungshilfe dienen. Für die **Auswertung** gilt, dass ein Punkt vergeben wird, wenn eine selbstständige Durchführung der Aktivität möglich ist. Die Punktzahl 8 bedeutet somit maximale Selbstständigkeit. Bei Verlust von Fertigkeiten werden abgestuft Punkte zwischen 3 und 5 vergeben. Zur Gesamtauswertung wird ein Summenscore gebildet.

Bayer Activities of Daily Living Scale (B-ADL): Diese Skala wurde mit Unterstützung der Firma Bayer entwickelt. Sie entstand aus der Einsicht heraus, dass am Beginn demenzieller Entwicklungen spezifische diskrete Veränderungen und Auffälligkeiten bei Alltagsaktivitäten auftreten, die in anderen, gröberen Verfahren nicht enthalten sind, als Frühsymptome aber äußerst bedeutsam sein können. Hierzu wurden Fremd- und Eigenanamnesen ausgewertet und sensitive Items für frühe Demenzanzeichen ausgewählt. Der B-ADL besteht aus insgesamt 25 Fragen. Die ersten zwei sind allgemeine Einleitungsfragen („Kann die Person ihren Alltag meistern?", „Hat die Person Schwierigkeiten, selbstständig zurechtzukommen?"). Die Fragen 3–20 betreffen Schwierigkeiten bei bestimmten Tätigkeiten (z.B. „Hat die Person Schwierigkeiten, an einer Unterhaltung teilzunehmen?", „Hat die Person Schwierigkeiten, sich beim Lesen zu konzentrieren?" oder „Hat die Person Schwierigkeiten, sich an ihr unbekannten Orten zurechtzufinden?"). Die letzten 5 Fragen beziehen sich auf die kognitive Leistungsfähigkeit (z.B. „Hat die Person Schwierigkeiten, nach einer Unterbrechung mit derselben Tätigkeit fortzufahren?", „Hat die Person Schwierigkeiten, zwei Dinge zur selben Zeit zu erledigen?"). Die Auftretenshäufigkeit der jeweiligen Schwierigkeit wird auf einer Skala von 1 bis 10 vom Angehörigen beurteilt, wobei 1 „Schwierigkeit taucht niemals auf" und 10 „Schwierigkeit taucht immer auf" bedeutet. Bei Fragen, die für die betreffende Person nicht zutreffen oder nicht beantwortbar sind, kann diese Kategorie angekreuzt werden. Bei der **Auswertung** wird ein Globalwert ermittelt, wobei alle Werte summiert und die Summe durch die Anzahl der beantworteten Items geteilt wird. Das Ergebnis wird auf zwei Dezimalstellen gerundet und nimmt einen Wert zwischen 1 und 10 ein. Untersuchungen zu Reliabilität und Validität werden durchgeführt.

Dauer

Die Durchführungsdauer beträgt jeweils ca. 10–15 Minuten.

Praktischer Hinweis

Die Einschätzung der Aktivitäten des täglichen Lebens liefert eine wichtige Zusatzinformation zu psychologischen Testergebnissen. Zur Früherkennung demenzieller Entwicklungen sind Veränderungen bei der Ausführung von instrumentellen Aktivitäten von Bedeutung. Hier ist es sinnvoll, häufige Frühsymptome abzufragen. Eine mögliche Sammlung von Frühsymptomen bietet der B-ADL. Erst zur weiteren Verlaufsbeobachtung eignen sich Skalen, die ADL-Leistungen erfassen. In ADL-Maßen erhobene Informationen lassen sich selbstverständlich auch zur Schweregradeinschätzung heranziehen, da es bei den abgefragten Parametern zu großen Überschneidungen kommt.

Autoren und Erscheinungsjahr

Mahoney, F.L. & Barthel, D.W. (1965). Functional evaluation: the BARTHEL index. Maryland State Medical Journal, 14, 61–65.

Lawton, M.P. & Brody, E.M. (1969). Assessment of older people: self-maintaining and instrumental activities of daily living. The Gerontologist, 9, 179–186.

Hindmarch, I., Lehfeld, H., Jongh, P. & Erzigkeit, H. (1998). The Bayer Activities of Daily Living Scale (B-ADL). Dementia and Geriatric Cognitive Disorders, 9 (Suppl. 2), 20–26.

Testbezug und Preis

Bezugsquelle für den B-ADL:
Bayer AG
Pharma Forschungszentrum
Dr. Markus Rupp
Postfach 101709
42096 Wuppertal

Essen

Unabhängig, isst selbständig, benutzt Geschirr und Besteck	10 Punkte
Braucht etwas Hilfe, z.B. Fleisch oder Brot schneiden	5 Punkte
Nicht selbständig, auch wenn o.g. Hilfe gewährt wird	0 Punkte

Bett/(Roll-) Stuhltransfer

Unabhängig in allen Phasen der Tätigkeit	15 Punkte
Geringe Hilfen oder Beaufsichtigung erforderlich	10 Punkte
Erhebliche Hilfe beim Transfer; Lagewechsel, Liegen/Sitzen selbständig	5 Punkte
Nicht selbständig, auch wenn o.g. Hilfe gewährt wird	0 Punkte

Waschen

Unabhängig beim Waschen von Gesicht, Händen; Kämmen u. Zähneputzen	5 Punkte
Nicht selbständig bei o.g. Tätigkeiten	0 Punkte

Toilettenbenutzung

Unabhängig in allen Phasen der Tätigkeit (inkl. Reinigung)	10 Punkte
Benötigt Hilfe, z.B. wegen unzureichenden Gleichgewichtes oder beim An-/Auskleiden, Reinigung	5 Punkte
Nicht selbständig, auch wenn o.g. Hilfe gewährt wird	0 Punkte

Baden

Unabhängig bei Voll- oder Duschbad in allen Phasen der Tätigkeit	5 Punkte
Nicht selbständig bei o.g. Tätigkeit	0 Punkte

Gehen auf Flurebene bzw. Rollstuhlfahren

Unabhängig beim Gehen über 50 m, Hilfsmittel erlaubt, nicht Gehwagen	15 Punkte
Geringe Hilfe oder Überwachung erforderlich, kann mit Hilfsmitteln 50 m gehen	10 Punkte
Nicht selbständig beim Gehen, kann aber Rollstuhl selbständig bedienen, auch um Ecken und an einen Tisch heranfahren, Strecke mindestens 50 m.	5 Punkte
Nicht selbständig beim Gehen oder Rollstuhlfahren	0 Punkte

Treppensteigen

Unabhängig bei der Bewältigung einer Treppe (mehrere Stufen)	10 Punkte
Benötigt Hilfe oder Überwachung beim Treppensteigen	5 Punkte
Nicht selbständig, kann auch mit Hilfe nicht Treppe steigen	0 Punkte

An- und Auskleiden

Unabhängig beim An- und Auskleiden (ggf. auch Korsett oder Bruchband)	10 Punkte
Benötigt Hilfe, kann aber 50 % der Tätigkeit selbständig durchführen	5 Punkte
Nicht selbständig, auch wenn o.g. Hilfe gewährt wird	0 Punkte

Stuhlkontrolle

Ständig kontinent	10 Punkte
Gelegentlich inkontinent, maximal einmal/Woche	5 Punkte
Häufiger/ständig inkontinent	0 Punkte

Urinkontrolle

Ständig kontinent	10 Punkte
Gelegentlich inkontinent, maximal einmal/Tag	5 Punkte
Häufiger/ständig inkontinent	0 Punkte

GESAMTPUNKTZAHL:

Abb. 6-3 Barthel-Index (modifiziert nach Mahoney und Barthel, 1965).

B-ADL-Skala

Skala zur Einschätzung der Alltagskompetenz

Fremdeinschätzung

In den folgenden Fragen geht es um Alltagsaktivitäten, mit denen Sie, möglicherweise Schwierigkeiten hat. Bitte geben Sie an, wie oft Schwierigkeiten auftreten, indem Sie einen Strich durch den entsprechenden Kreis ziehen, wie hier abgebildet:

	entfällt	weiß nicht	Punkte
nie ① ② ③ ④ ⑤ ⑥ ⑦ ⑧ ⑨ ⑩ immer			

Je größer die Zahl ist, um so mehr Schwierigkeiten hat die Person mit der betreffenden Aktivität. Wenn nie Schwierigkeiten auftreten, markieren Sie bitte die 1, wenn immer Schwierigkeiten auftreten, die 10. Wenn eine Frage aus irgendeinem Grund auf die Person nicht zutrifft, kreuzen Sie bitte das Kästchen "entfällt" an. Wenn Sie sich nicht sicher sind, kreuzen Sie bitte das Kästchen "weiß nicht" an. Wenn Sie Probleme haben, eine Frage zu verstehen, bitten Sie um Hilfe. Bitte Schreiben Sie nicht in das Kästchen "Punkte".

____

Name der Person, über die Sie befragt werden

____

Alter der Person, über die Sie befragt werden

____

Geschlecht der Person, über die Sie befragt werden

____

Datum

Abb. 6-4 B-ADL-Skala; © by Prof. Dr. H. Erzigkeit.

Hat die Person Schwierigkeiten ...

1.	... mit ihren Alltagstätigkeiten zurechtzukommen?	nie	①②③④⑤⑥⑦⑧⑨⑩	immer		
z.	für sich selbst zu sorgen?	nie	①②③④⑤⑥⑦⑧⑨⑩	immer		
3.	... selbst und ohne Aufsicht ihre Medikamente zu nehmen?	nie	①②③④⑤⑥⑦⑧⑨⑩	immer		
4.	mit der Körperpflege?	nie	①②③④⑤⑥⑦⑧⑨⑩	immer		
5.	... wichtige Verabredungen einzuhalten oder Termine zu beachten?	nie	①②③④⑤⑥⑦⑧⑨⑩	immer		
6.	... sich auf s Lesen zu konzentrieren?	nie	①②③④⑤⑥⑦⑧⑨⑩	immer		
7	... zu beschreiben, was sie gerade gesehen oder gehört hat?	nie	①②③④⑤⑥⑦⑧⑨⑩	immer		
8	... sich an einer Unterhaltung zu beteiligen?	nie	①②③④⑤⑥⑦⑧⑨⑩	immer		
9.	... ein Telefon zu benutzen?	nie	①②③④⑤⑥⑦⑧⑨⑩	immer		
10.	... eine Nachricht für jemanden entgegenzunehmen?	nie	①②③④⑤⑥⑦⑧⑨⑩	immer		
11.	- spazierenzugehen, ohne sich zu verlaufen?	nie	①②③④⑤⑥⑦⑧⑨⑩	immer		
12.	Einkäufe zu machen?	nie	①②③④⑤⑥⑦⑧⑨⑩	immer		
13.	Essen zuzubereiten?	nie	①②③④⑤⑥⑦⑧⑨⑩	immer		
14.	Geld richtig abzuzählen?	nie	①②③④⑤⑥⑦⑧⑨⑩	immer		
15.	... ihre finanziellen Angelegenheiten selbst zu regeln?	nie	①②③④⑤⑥⑦⑧⑨⑩	immer		
16.	- jemandem, der nach dem Weg fragt, Auskunft zu geben?	nie	①②③④⑤⑥⑦⑧⑨⑩	immer		
17.	Haushaltsgeräte zu benutzen?	nie	①②③④⑤⑥⑦⑧⑨⑩	immer		
18.	... sich an einem unbekannten Ort zurechtzufinden?	nie	①②③④⑤⑥⑦⑧⑨⑩	immer		
19.	... Verkehrsmittel selbständig zu benutzen?	nie	①②③④⑤⑥⑦⑧⑨⑩	immer		
20.	ihre Freizeitaktivitäten auszuüben?	nie	①②③④⑤⑥⑦⑧⑨⑩	immer		
21.	eine angefangene Tätigkeit nach kurzer Unterbrechung fortzusetzen?	nie	①②③④⑤⑥⑦⑧⑨⑩	immer		
22.	... zwei Dinge gleichzeitig zu tun?	nie	①②③④⑤⑥⑦⑧⑨⑩	immer		
23.	- mit ungewohnten Situationen fertig zu werden?	nie	①②③④⑤⑥⑦⑧⑨⑩	immer		
24.	... ihren täglichen Aktivitäten nachzugehen, ohne daß größere Mißgeschicke passieren?	nie	①②③④⑤⑥⑦⑧⑨⑩	immer		
25.	eine Aufgabe unter Druck auszuführen?	nie	①②③④⑤⑥⑦⑧⑨⑩	immer		

Abb. 6-4 Fortsetzung.

6.5 Nurses' Observation Scale for Geriatric Patients (NOSGER)

Skalencharakteristik

Bei der NOSGER handelt es sich um eine Fremdbeurteilungsskala, die entweder von einem Angehörigen oder einer Pflegekraft ausgefüllt wird. Sie eignet sich gleichermaßen zur Erfassung leichter Verhaltensveränderungen bei zu Hause lebenden älteren Menschen als auch zur Beschreibung schwererer Beeinträchtigungen bei Heimpatienten. Die beurteilende Person muss für 30 Aussagen die Auftretenshäufigkeit für den Zeitraum der letzten zwei Wochen einschätzen. Dabei wird eine Bandbreite alltäglicher Verhaltensprobleme in fünf Skalen oder Dimensionen (s. unten) abgedeckt. Die beurteilende Person sollte jedoch mindestens 6 Stunden pro Woche regelmäßig Kontakt mit dem Patienten haben.
Die reliable und valide Skala eignet sich gut, um sich einen Überblick über bestehende Probleme zu verschaffen, die Angehörige mit ihrem Patienten im Alltag haben. Sie eignet sich ebenfalls für Längsschnittuntersuchungen und ist daher Bestandteil vieler Interventionsstudien in der Psychogeriatrie.

Beschreibung des Verfahrens

In der NOSGER wird ein Verhaltensspektrum abgedeckt, das für das alltägliche Leben unabhängig von soziokulturellem Status oder Geschlecht relevant ist. Die 30 Fragen sind in alltagsnaher Sprache formuliert und können folgenden 6 Dimensionen zugeordnet werden:

- Gedächtnis
- IADL (Instrumental activities of daily living)
- ADL (Activities of daily living)
- Stimmung
- Sozialverhalten
- Störendes Verhalten

Jede der Dimensionen wird mit 5 Fragen operationalisiert. Die beurteilende Person muss bei jeder Frage entscheiden, ob das entsprechende Verhalten in den vergangenen zwei Wochen „immer" (Punktwert 1), „meistens" (Punktwert 2), „oft" (Punktwert 3), „hier und da" (Punktwert 4) oder „nie" (Punktwert 5) aufgetreten ist. Einige gekennzeichnete Items sind andersherum gepolt, stets entspricht jedoch die Antwort, die auf keinerlei Störung hindeutet, dem Punktwert 1.

Auswertung und Interpretation

Pro Dimension kann ein Gesamtscore durch Addition der Itempunkte ermittelt werden. Dieser kann zwischen 5 (keinerlei Störung) und 25 (maximal mögliche Störung) liegen. Es entsteht ein Störungsprofil, das dem Untersucher ermöglicht, Schwerpunkte der individuellen Problemlage zu erkennen.

Dauer

Für das Ausfüllen des Bogens sind etwa 10 Minuten zu veranschlagen.

Praktischer Hinweis

Die NOSGER ist ein Fremdbeurteilungsinstrument, das alltagsrelevante Problembereiche überblicksartig erfasst. Viele typische Probleme, über die Angehörige von Demenzpatienten berichten, sind in der Skala enthalten. Angehörige können sie allein ausfüllen, so dass die Durchführung für den Untersucher wenig zeitaufwändig ist. Die erhobene Information kann als Einblick und als Gesprächsgrundlage dienen. Bei Verlaufsuntersuchungen hat sich die NOSGER ebenfalls bewährt.

Autoren und Erscheinungsjahr

Spiegel, R., Brunner, C., Ermini-Fünfschilling, D., Monsch, A., Notter, M., Puxty, J. & Tremmel, L. (1991). A new behavioural assessment scale for geriatric out- and inpatients: the NOSGER (Nurses' Observation Scale for Geriatric Patients). Journal of the American Geriatrics Society, 39, 339–347.

Testbezug und Preis

100 Testformulare sind für 32,– € bei der Testzentrale Göttingen (Adresse s. Anhang) zu beziehen.

CIPS **Collegium Internationale Psychiatriae Scalarum**	__________ __________ __________	**NOSGER** **Nurses' Observation Scale for Geriatric Persons**

Nurses' Observation Scale for Geriatric Patients (NOSGER)

Anleitung: Wir möchten festhalten, wie es diesem Patienten/dieser Patientin *in den letzten zwei Wochen* gegangen ist. Dazu finden sie die folgenden 30 Aussagen, die Sie aufgrund Ihrer Beobachtungen einstufen wollen. Lesen Sie die Feststellung und beantworten Sie sie, indem Sie das Kästchen ankreuzen, das Ihrem Eindruck am ehesten entspricht.

	Immer	Meistens	Oft	Hie und da	Nie
1. Kann sich ohne Hilfe rasieren/schminken/Haare kämmen.					
2. Verfolgt bestimmte Sendungen am Radio oder im Fernsehen.	❑	❑	❑	❑	❑
3. Sagt, er/sie sei traurig.	❑	❑	❑	❑	❑
4. Ist unruhig in der Nacht.	❑	❑	❑	❑	❑
5. Nimmt Anteil an den Vorgängen in seiner/ihrer Umgebung.	❑	❑	❑	❑	❑
6. Bemüht sich um Ordnung in seinem/ihrem Zimmer.	❑	❑	❑	❑	❑
7. Kann den Stuhlgang kontrollieren.	❑	❑	❑	❑	❑
8. Setzt eine Unterhaltung fort, wenn sie unterbrochen wurde.	❑	❑	❑	❑	❑
9. Kann kleine Besorgungen (Zeitungen, Eßwaren) selber machen.	❑	❑	❑	❑	❑
10. Sagt, er/sie fühle sich wertlos.	❑	❑	❑	❑	❑
11. Pflegt ein Hobby.	❑	❑	❑	❑	❑
12. Wiederholt im Gespräch immer wieder den gleichen Punkt.	❑	❑	❑	❑	❑
13. Wirkt traurig oder weinerlich.	❑	❑	❑	❑	❑
14. Wirkt sauber und ordentlich.	❑	❑	❑	❑	❑
15. Läuft davon.	❑	❑	❑	❑	❑
16. Kann sich an Namen von engen Freunden erinnern.	❑	❑	❑	❑	❑
17. Hilft anderen, soweit körperlich dazu imstande.	❑	❑	❑	❑	❑
18. Verläßt das Haus in ungeeigneter Kleidung.	❑	❑	❑	❑	❑
19. Kann sich in der gewohnten Umgebung orientieren.	❑	❑	❑	❑	❑
20. Ist reizbar und zänkisch, wenn man ihn/sie etwas fragt.	❑	❑	❑	❑	❑
21. Nimmt Kontakt mit Personen in der Umgebung auf.	❑	❑	❑	❑	❑
22. Erinnert sich, wo Kleider und andere Dinge liegen.	❑	❑	❑	❑	❑
23. Ist aggressiv (in Worten und Taten).	❑	❑	❑	❑	❑
24. Kann die Blasenfunktion (Urin) kontrollieren.	❑	❑	❑	❑	❑
25. Erscheint gutgelaunt.	❑	❑	❑	❑	❑
26. Hält den Kontakt mit Freunden oder Angehörigen aufrecht.	❑	❑	❑	❑	❑
27. Verwechselt Personen.	❑	❑	❑	❑	❑
28. Freut sich auf gewisse Ereignisse (Besuche, Anlässe).	❑	❑	❑	❑	❑
29. Wirkt im Kontakt mit Angehörigen oder Freunden freundlich und positiv.	❑	❑	❑	❑	❑
30. Ist eigensinnig: hält sich nicht an Anweisungen und Regeln.	❑	❑	❑	❑	❑

Bemerkungen:

Score 1 ❑❑ Score 2 ❑❑ Score 3 ❑❑ Score 4 ❑❑ Score 5 ❑❑ Score 6 ❑❑

Abb. 6-5 Nurses' Observation Scale for Geriatric Patients (NOSGER); © by Beltz Test GmbH, Göttingen.

7 Erfassung von nicht-kognitiven Veränderungen

7.1 Allgemeines

Da für die Diagnose eines Demenzsyndroms „nur" der Nachweis von kognitiven Störungen gefordert ist, werden die nicht-kognitiven Veränderungen häufig nicht genügend beachtet. Nicht-kognitive psychopathologische Veränderungen machen den Familien der Demenzkranken jedoch sehr große Probleme, verursachen hohe Belastungen und stellen häufig erst den Anlass dar, dass eine Familie ärztliche Hilfe sucht. Sie beeinträchtigen den Kranken im täglichen Leben und können zu einer vorzeitigen Heimeinweisung beitragen. Diese Veränderungen können folgende Bereiche betreffen:

- Depressive Störungen
- Wahn
- Halluzinationen
- Verkennungen
- Antriebsstörungen
- Aggressivität
- Störungen des Tag-Nacht-Rhythmus
- Persönlichkeitsveränderungen

Das Auftreten von Störungen aus diesen Bereichen wird durch unterschiedliche Faktoren bedingt. Zum einen können neuropathologische Veränderungen in bestimmten Gebieten des Gehirns zu Verhaltensänderungen führen, zum anderen stellen Verhaltensstörungen häufig Versuche des Kranken dar, Problemsituationen zu bewältigen oder auf Konflikte zu reagieren, die nicht mehr adäquat gelöst werden können. Nicht-kognitive Veränderungen sollten gründlich erhoben werden, da sie sowohl medikamentös als auch nicht medikamentös relativ gut behandelt werden können.

Einige der breit angelegten Diagnoseverfahren (ADAS, CAMDEX und SIDAM) beinhalten Fragen nach Verhaltensstörungen. Sie beleuchten einige Aspekte wie Depression, Halluzinationen und Unruhe. Genauer und alle Bereiche einschließend sind die mit dem Angehörigen durchzuführenden Fragebögen BEHAVE-AD (s. Kap. 7.2) und NPI (s. Kap. 7.3).

7.2 BEHAVE-AD – eine Skala zur Beurteilung von Verhaltenspathologie bei der Alzheimer-Demenz

Skalencharakteristik

Der BEHAVE-AD wurde zur Verlaufsbeobachtung von Verhaltensstörungen bei der Alzheimer-Demenz entwickelt und eignet sich daher auch zum Einsatz bei Medikamentenstudien. Er erfasst alle Störungen detailliert und ausführlich. In dem Interview muss der Angehörige die Art und Schwere von 25 Symptomen für den Zeitraum der letzten zwei Wochen einschätzen. Außerdem wird eine Globaleinschätzung der Belastung des Angehörigen, die durch die Symptome entsteht, gefordert. In der Ausführlichkeit liegt eine Stärke des Verfahrens.

Beschreibung des Verfahrens

Die 25 Symptome verteilen sich auf 7 Bereiche, wobei die ersten beiden am ausführlichsten erfragt werden:

- Paranoide Ideen und Wahnvorstellungen
- Halluzinationen
- Störungen der Motorik
- Aggressivität
- Tag-Nacht-Rhythmus
- Affektive Störungen
- Angst und Phobien

Für jedes Symptom liegt eine vierstufige Einschätzung vor, wobei knappe Beurteilungshilfen gegeben sind. Mit einem abschließenden Item wird die Belastung des Angehörigen eingeschätzt.

Dauer

Für das Interview sind etwa 10 Minuten zu veranschlagen.

Praktischer Hinweis

Die Durchführungsdauer kann sehr verkürzt werden, wenn man zunächst nur die Bereiche grob abfragt, ob z.B. Halluzinationen überhaupt vorgekommen sind. Wenn dies verneint wird, erübrigen sich die Detailfragen selbstverständlich.

Autoren und Erscheinungsjahr

Reisberg, B., Borenstein, J., Salob, S.P., Ferris, S.H., Franssen, E. & Georgotas, A. (1987). Behavioral symptoms in Alzheimer's disease: phenomenology and treatment. Journal of Clinical Psychiatry, 48 (suppl 5), 9–15.

Testbezug

Für den BEHAVE-AD ist keine autorisierte deutsche Version im Handel erhältlich. In klinischen Studien werden deutsche Übersetzungen verwendet.

BEHAVE-AD

Eine Skala zur Beurteilung von Verhaltenspathologie bei der Alzheimerschen Demenz

A. PARANOIDE IDEEN UND WAHNVORSTELLUNGEN

1. „Leute stehlen mir Sachen" – Ideen

0	Nicht vorhanden	2	Leute kommen ins Haus und verstecken oder stehlen Sachen
1	Leute verstecken Sachen	3	Pat. spricht mit oder hört diesen Leuten zu

2. „Mein Heim ist nicht mein Heim" – Ideen

0	Nicht vorhanden	2	Versuch, das Haus zu verlassen, um nach Hause zu gehen
1	Überzeugung vorhanden (möchte packen, um nach Hause zu fahren, Klagen „ich möchte nach Hause")	3	Reagiert mit Gewalt, wenn gehindert wegzugehen

3. „Partner (oder andere Pflegeperson) ist ein Betrüger" – Idee

0	Nicht vorhanden	2	Überzeugung verbunden mit Ärger
1	Überzeugung vorhanden	3	Gewaltanwendung gegen Partner oder Pflegeperson

4. „Verlassenwerden" – Idee (z. B. an eine Institution)

0	Nicht vorhanden	2	Vorwurf einer Verschwörung, den Pat. zu verlassen oder institutionalisieren
1	Verdacht vorhanden	3	Vorwurf der unmittelbar bevorstehenden Verlassung

5. „Untreue" – Idee

0	Nicht vorhanden	2	Ärger wegen angeblicher Untreue
1	Überzeugung, daß Partner und/oder Kinder/andere Pflegeperson untreu sei	3	Gewalt gegen angebliche Untreue

Abb. 7-1 Behave-AD; © 1986 by Barry Reisberg, M. D. All rights reserved.

6. „Mißtrauen/Paranoia" (andere Art als oben)

0	Nicht vorhanden	2	Paranoid (fixe Vorstellung von Mißtrauen und/oder Ärger deswegen)
1	Mißtrauisch (versteckt Sachen an schwer entdeckbaren Stellen)	3	Gewalt deswegen

Unspezifisch? Bitte beschreiben:

7. Wahnideen (andere als oben)

0	Nicht vorhanden	2	Verbale emotionaler Ausdruck von Wahnsinn
1	Wahnhaft	3	Physische Aktionen oder Gewalt als Ergebnis von Wahnideen

Unspezifisch? Bitte beschreiben:

Abb. 7-1 Fortsetzung.

7.3 Neuropsychiatrisches Inventar (NPI)

Skalencharakteristik

Die NPI-Skala dient dazu, Verhaltensstörungen von Demenzpatienten zu objektivieren. Sie umfasst 12 inhaltliche Bereiche, die nur bei bestehenden Verhaltensstörungen im betreffenden Bereich ausführlich erhoben werden. Das Interview wird mit einem Angehörigen durchgeführt und dauert umso länger, je mehr Störungen in verschiedenen Bereichen vorliegen. Die Belastung des Angehörigen wird bei jedem Symptom miterhoben. Die Möglichkeit zur detaillierten Erfassung aller Verhaltensstörungen und die konsequente Belastungseinschätzung für die Angehörigen ist als sehr positiv zu bewerten.

Beschreibung des Verfahrens

Die NPI-Skala enthält 12 Bereiche mit typischen Verhaltensstörungen von Demenzpatienten:

Wahnvorstellungen	Apathie
Halluzinationen	Enthemmung
Unruhe (Agitiertheit)	Reizbarkeit
Depression	Motorische Unruhe
Angststörungen	Nächtliche Unruhe
Euphorie	Appetitstörungen

Für jedes Gebiet der Verhaltensstörungen muss der Angehörige folgende Einschätzungen vornehmen:

- Häufigkeit
- Schwere
- Belastung

Das Vorgehen ist dabei folgendermaßen:

- Zunächst wird für jeden Bereich einzeln gefragt, ob eine solche Störung überhaupt vorliegt. Trifft dies zu, wird das Problemgebiet in 7 bis 8 zusätzlichen Fragen näher charakterisiert.

- Anschließend muss die Pflegeperson eine Einschätzung der Auftretenshäufigkeit jedes Symptombereichs von 1 („manchmal, weniger als 1-mal pro Woche") bis 4 („sehr häufig, einmal oder mehrmals pro Tag bzw. regelmäßig") vornehmen.
- Des Weiteren muss der Schweregrad der Symptome von 1 („leicht") bis 3 („schwer") kodiert werden.
- Abschließend wird für jeden Störungsbereich die Belastung der Angehörigen von 0 („nicht belastend") bis 5 („sehr belastend") erfasst.

Die Durchführung des Interviews erfordert eine Kenntnis über die möglichen Verhaltensstörungen bei Demenzen und einen sensiblen Umgang mit den Nöten der Angehörigen. Sie sollte daher Fachleuten vorbehalten bleiben.

Auswertung und Interpretation

Pro Bereich werden insgesamt vier Scores gebildet:

- Häufigkeit
- Schwere
- Total (Häufigkeit × Schwere)
- Belastung

Der Score „Total" für die einzelnen Störungsbereiche errechnet sich durch die Multiplikation der Häufigkeit eines Symptoms mit dem dazugehörigen Schweregrad. Der Gesamtscore über alle 12 Bereiche wird durch Addition aller Einzelscores berechnet.
Der höchstmögliche Gesamtscore ist also 144 (der Maximalwert 4 in der Häufigkeitsbeurteilung × Maximalwert 3 in der Schweregradbeurteilung × alle 12 Störungsbereiche).
Für die Belastung wird pro Störungsbereich ein Wert ermittelt; für die Gesamtskala werden alle Einzelbelastungswerte addiert.
Bei wiederholter Anwendung dieses Tests bedeutet eine Zunahme der Gesamtsumme eine Verschlechterung, eine Abnahme eine Verbesserung der individuellen Verhaltenssymptomatik.

Dauer

Für das Interview sind etwa 15 Minuten zu veranschlagen.

Praktischer Hinweis

Vor Durchführung des Interviews sollte man sich gut vorbereiten, um einen Überblick über die verschiedenen Scores zu bekommen. Was sich erst so kompliziert anhört, ist am Ende ganz einfach. Sehr gut gelöst ist, dass Detailfragen nur dort, wo sie notwendig sind, gestellt werden.

Autoren und Erscheinungsjahr

Cummings, J.L., Mega, M., Gray, K., Rosenberg-Thompson, S., Carusi, D.A. & Gornbein, J. (1994). The Neuropsychiatric Inventory: comprehensive assessment of psychopathology in dementia. Neurology, 44, 2308–2314.

Testbezug

Zu beziehen ist die NPI Skala, von der es auch eine deutsche Version gibt, direkt beim Autor selbst unter folgender Adresse:
Jeffrey L. Cummings, MD
Reed Neurological Research Center
UCLA School of Medicine
710 Westwood Plaza
Los Angeles, CA 90095-1769
Telephone (310) 206-5238
Fax (310) 206-5287
E-mail: cummings@ucla.edu

NPI (1 von 10)

Abschnitt A: Wahnvorstellungen
„Glaubt der/die Patient/-in Dinge, von denen Sie wissen, daß sie nicht wahr sind? Besteht er/sie z. B. darauf, daß andere Leute versuchen, ihm/ihr Schaden zuzufügen oder ihn/sie zu bestehlen? Hat er/sie gesagt, Familienmitglieder seien nicht die, die sie zu sein vorgeben oder daß das Haus nicht deren Zuhause sei? Ich frage nicht nach bloßem Mißtrauen; ich bin interessiert daran, ob der Patient überzeugt ist, daß ihm/ihr diese Dinge passieren."

Antwort des/der Pflegenden: **Nein** ☐ *Gehen Sie über zur nächsten Leitfrage* **Ja** ☐ *Bitte Unterfragen beantworten* **Nicht zutreffend** ☐

Unterfragen	**Bitte ankreuzen**	
	Nein	**Ja**
1. Glaubt der/die Patient/-in, daß er/sie in Gefahr ist, daß andere planen, ihm/ihr weh zu tun?		
2. Glaubt der/die Patient/-in, daß andere ihn/sie bestehlen?		
3. Glaubt der/die Patient/-in, daß ihr/seine Partner/-in eine Affäre hat?		
4. Glaubt der/die Patient/-in, daß unwillkommene Gäste in seinem/ihrem Haus leben?		
5. Glaubt der/die Patient/-in, daß ihr/seine Partner/-in oder andere nicht die sind, die sie zu sein vorgeben?		
6. Glaubt der/die Patient/-in, daß sein/ihr Haus nicht sein/ihr Zuhause ist?		
7. Glaubt der/die Patient/-in, daß Familienmitglieder planen, ihn/sie zu verlassen?		
8. Glaubt der/die Patient/-in, daß Personen aus dem Fernsehen oder aus Zeitschriften tatsächlich bei ihm/ihr Zuhause anwesend sind? (Versucht er/sie mit ihnen zu reden oder zu interagieren?)		
9. Glaubt er/sie irgendwelche ungewöhnliche Dinge, nach denen ich nicht gefragt habe?		

Wurde die Antwort auf die Leitfrage durch die Antworten auf die Unterfragen bestätigt, bestimmen Sie bitte die Häufigkeit und Schwere der Wahnvorstellungen.

Häufigkeit
„Jetzt möchte ich herausfinden, wie oft diese Dinge (benutzen Sie das am meisten problematische Verhalten) auftreten. Würden Sie sagen, es zeigt sich ...":

Selten – weniger als einmal pro Woche ☐

Manchmal – etwa einmal pro Woche ☐

Häufig – mehrmals pro Woche, aber nicht jeden Tag ☐

Sehr häufig – einmal oder mehrmals pro Tag ☐

Schwere
„Jetzt möchte ich etwas über die Schwere dieses Verhaltens herausfinden. Mit Schwere meine ich, wie störend oder beeinträchtigend es für den/die Patienten/in ist. Würden Sie sagen, es ist ...":

Leicht – die Wahnvorstellungen sind vorhanden, scheinen aber harmlos und belasten den Patienten nur wenig ☐

Mäßig – die Wahnvorstellungen sind belastend und störend für den Patienten ☐

Deutlich – die Wahnvorstellungen sind sehr störend und eine Hauptursache für Verhaltensstörungen (Falls Medikamente, die der Patient nach seinem Bedarf einnimmt, verordnet sind, zeigt deren Gebrauch an, dass die Wahnvorstellungen deutlich sind.) ☐

Belastung
„Wie emotional belastend empfinden Sie dieses Verhalten?"

☐ überhaupt nicht belastend (0)
☐ minimal belastend (1)
☐ leicht belastend (2)
☐ mäßig belastend (3)
☐ schwer belastend (4)
☐ sehr schwer oder extrem belastend (5)

Neuropsychiatric Inventary, German Version

Seite 4

Abb. 7-2 Neuropsychiatrisches Inventar (NPI); © 1994 by Jeffrey Cummings.

Neuropsychiatrisches Inventar (Auswertungsbogen)

Name des Patienten: ....

Name des Angehörigen: ....

Untersucher: ....

Datum: ....

Bereich	NZ	Nicht vorh.	Häufigkeit	Schwere	H x S	Belastung des Angehörigen
A. Wahnvorstellungen	x	0	1 2 3 4	1 2 3		0 1 2 3 4 5
B. Halluzinationen	x	0	1 2 3 4	1 2 3		0 1 2 3 4 5
C. Erregung/ Aggressionen	x	0	1 2 3 4	1 2 3		0 1 2 3 4 5
D. Depression/ Dysphorie	x	0	1 2 3 4	1 2 3		0 1 2 3 4 5
E. Angst	x	0	1 2 3 4	1 2 3		0 1 2 3 4 5
F. Hochstimmung/ Euphorie	x	0	1 2 3 4	1 2 3		0 1 2 3 4 5
G. Apathie/ Gleichgültigkeit	x	0	1 2 3 4	1 2 3		0 1 2 3 4 5
H. Enthemmung	x	0	1 2 3 4	1 2 3		0 1 2 3 4 5
I. Reizbarkeit/ Labilität	x	0	1 2 3 4	1 2 3		0 1 2 3 4 5
J. Abweich. motor. Verhalten	x	0	1 2 3 4	1 2 3		0 1 2 3 4 5
Summenwert (NPI-Score)						

Neuropsychiatric Inventary, German Version

Seite 14

Abb. 7-2 Fortsetzung.

7.4 Geriatrische Depressions-Skala (GDS)

Skalencharakteristik

Depressionsskalen, die für jüngere Patienten entwickelt wurden, eignen sich infolge der veränderten Symptomatik oft nicht, um die Depression im Alter zu beschreiben. Die GDS ist ein Selbstbeurteilungsinstrument und wurde speziell für die Abschätzung der Depressivität älterer Patienten entwickelt. Die Skala besteht aus 30 Fragen, die Kurzform aus 15 Fragen, die mit „ja" bzw. „nein" zu beantworten sind. Sie kann sowohl mündlich als auch schriftlich vorgegeben werden. Die GDS ist aufgrund ihrer Kürze und ihrer inhaltlichen Ausrichtung auf ältere Menschen für die Praxis geeignet.

Auswertung und Interpretation

Jede Antwort in Richtung Depression wird mit einem Punkt gewertet. In der Langform sind Werte bis zu 12 Punkten normal. 13 und mehr Punkte sprechen für zunehmend schwere Depressionen. Schwer depressive Alterspatienten erreichen durchschnittlich 23 Punkte. Bei der Kurzform mit 15 Fragen gelten Werte bis 5 Punkte als normal. 6–10 Punkte sprechen für eine leichte bis mäßiggradige Depression, darüber liegen Hinweise auf eine schwere Depression vor.

Dauer

Für die Kurzform werden ca. 5 Minuten benötigt.

Praktischer Hinweis

Bei Patienten mit stärker ausgeprägter kognitiver Beeinträchtigung ist ein Fremdbeurteilungsinstrument vorzuziehen.

Autoren und Erscheinungsjahr

Yesavage, J.A., Brink, T.L., Rose, T.L. et al. (1983). Development and validation of a Geriatric Depression Screening Scale: A preliminary report. Journal of Psychiatric Research, 17, 37–49.

Testbezug

Deutsche Übersetzung in: Gauggel, S. & Birkner, B. (1999). Validität und Reliabilität einer deutschen Version der Geriatrischen Depressionsskala (GDS). Zeitschrift für Klinische Psychologie, 28, 18–27.

Geriatrische Depressionsskala (GDS)

Bitte wählen Sie bei den folgenden Fragen jeweils die Antwort aus, die Ihrem Befinden **während der letzten Woche** am besten entsprochen hat.

1. Sind Sie im Wesentlichen mit Ihrem Leben zufrieden?	*Nein*	*Ja*
2. Haben sie viele Ihrer Interessen oder Aktivitäten aufgegeben?	*Ja*	*Nein*
3. Haben Sie das Gefühl, dass Ihr Leben leer ist?	*Ja*	*Nein*
4. Sind Sie oft gelangweilt?	*Ja*	*Nein*
5. Schauen Sie zuversichtlich in die Zukunft?	Nein	Ja
6. Machen Ihnen Gedanken zu schaffen, die Ihnen nicht aus dem Kopf gehen?	Ja	Nein
7. Haben Sie meistens gute Laune?	*Nein*	*Ja*
8. Sind Sie besorgt darüber, dass Ihnen etwas Schlimmes zustoßen könnte?	*Ja*	*Nein*
9. Fühlen Sie sich die meiste Zeit glücklich?	*Nein*	*Ja*
10. Fühlen Sie sich oft hilflos?	*Ja*	*Nein*
11. Sind Sie oft unruhig und nervös?	Ja	Nein
12. Ziehen Sie es vor, zu Hause zu bleiben, anstatt auszugehen und sich mit etwas Neuem zu beschäftigen?	*Ja*	*Nein*
13. Machen Sie sich oft Sorgen um die Zukunft?	Ja	Nein
14. Haben Sie den Eindruck, mit dem Gedächtnis in letzter Zeit mehr als sonst Probleme zu haben?	*Ja*	*Nein*
15. Finden Sie es schön, jetzt in dieser Zeit zu leben?	*Nein*	*Ja*
16. Fühlen Sie sich oft niedergeschlagen und bedrückt?	Ja	Nein
17. Fühlen Sie sich, so wie Sie im Augenblick sind, wertlos?	*Ja*	*Nein*
18. Machen Sie sich viele Gedanken über die Vergangenheit?	Ja	Nein
19. Finden Sie das Leben sehr aufregend?	Nein	Ja

Abb. 7-3 Geriatrische Depressionsskala (GDS).

20. Bereitet es Ihnen Mühe, neue Aufgaben zu beginnen?	Ja	Nein
21. Fühlen Sie sich voller Energie?	*Nein*	*Ja*
22. Haben Sie das Gefühl, dass Ihre Situation hoffnungslos ist?	*Ja*	*Nein*
23. Haben Sie den Eindruck, dass es den meisten Menschen besser geht als Ihnen?	*Ja*	*Nein*
24. Regen Sie sich oft über Kleinigkeiten auf?	Ja	Nein
25. Ist Ihnen oft nach Weinen zu Mute?	Ja	Nein
26. Haben Sie Schwierigkeiten, sich zu konzentrieren?	Ja	Nein
27. Freuen Sie sich darauf, morgens aufzustehen?	Nein	Ja
28. Vermeiden Sie gesellige Zusammenkünfte?	Ja	Nein
29. Ist es für Sie einfach, Entscheidungen zu treffen?	Nein	Ja
30. Konnten Sie in der letzten Woche klare Gedanken fassen?	Nein	Ja

Anmerkung: Die 15 in der Kurzform enthaltenen Items sind *kursiv* gedruckt.
Auswertung: Alle links angekreuzten Antworten zusammenzählen (Interpretation siehe vorhergehende Seite).

Abb. 7-3 Fortsetzung.

7.5 Hamilton Depressions-Skala (HAMD)

Skalencharakteristik

Die HAMD ist eine häufig verwendete Fremdbeurteilungsskala zur Einschätzung des Schweregrades einer Depression und ist auch für ältere Patienten geeignet. Wie bei allen Depressionsskalen ergibt sich das Problem, dass einzelne Symptome sowohl im Rahmen einer Depression als auch einer Demenz vorkommen können. Ein hoher Depressionsscore schließt das Vorliegen einer Demenz also nicht aus. Die Skala besteht aus 21 Items und erfasst in 3- bzw. 5-facher Abstufung Symptome wie Stimmung, Schlafstörungen, Appetitstörungen, Konzentrationsstörungen und Suizidalität.

Auswertung und Interpretation

Alle Einzelpunktwerte werden zu einem Gesamtscore addiert. Werte ab 7 weisen auf eine milde Depression hin, Werte ab 18 auf eine mittelgradige Depression.

Dauer

Ca. 5 Minuten.

Praktischer Hinweis

In die Beurteilung sollen und können Informationen aus möglichst vielen unterschiedlichen Informationsquellen einfließen (z.B. Krankenblätter, behandelnder Arzt, Angehöriger).

Autoren und Erscheinungsjahr

Hamilton, M. (1960). Hamilton Depression Scale. A rating scale for depression. Journal Neurol Neurosurg Psychiat, 23, 56–62.

Testbezug und Preis

100 Testformulare sind für 52,– € bei der Testzentrale Göttingen (Adresse s. Anhang) zu beziehen.

CIPS Collegium Internationale Psychiatriae Scalarum	____________ ____________ ____________	HAMD Hamilton Depression Scale

Anleitung
Bitte jeweils nur die zutreffende Ziffer ankreuzen! **Bitte alle Feststellungen beantworten!**

1. Depressive Stimmung (Gefühl der Traurigkeit, Hoffnungslosigkeit, Hilflosigkeit, Wertlosigkeit)	
Keine	0
Nur auf Befragen geäußert	1
Vom Patienten spontan geäußert	2
Aus dem Verhalten zu erkennen (z.B. Gesichtsausdruck, Körperhaltung, Stimme, Neigung zum Weinen)	3
Patient drückt FAST AUSSCHLIESSLICH diese Gefühlszustände in seiner verbalen und nicht verbalen Kommunikation aus	4
2. Schuldgefühle	
Keine	0
Selbstvorwürfe, glaubt Mitmenschen enttäuscht zu haben	1
Schuldgefühle oder Grübeln über frühere Fehler und „Sünden“	2
Jetzige Krankheit wird als Strafe gewertet, Versündigungswahn	3
Anklagende oder bedrohende akustische oder optische Halluzinationen	4
3. Suizid	
Keiner	0
Lebensüberdruß	1
Todeswunsch, denkt an den eigenen Tod	2
Suizidgedanken oder entsprechendes Verhalten	3
Suizidversuche (jeder ernste Versuch $\hat{=}$ 4)	4
4. Einschlafstörung	
Keine	0
Gelegentliche Einschlafstörung (mehr als 1/2 Stunde)	1
Regelmäßige Einschlafstörung	2
5. Durchschlafstörung	
Keine	0
Patient klagt über unruhigen oder gestörten Schlaf	1
Nächtliches Aufwachen bzw. Aufstehen (falls nicht nur zur Harn- oder Stuhlentleerung)	2
6. Schlafstörungen am Morgen	
Keine	0
Vorzeitiges Erwachen, aber nochmaliges Einschlafen	1
Vorzeitiges Erwachen ohne nochmaliges Einschlafen	2
7. Arbeit und sonstige Tätigkeiten	
Keine Beeinträchtigung	0
Hält sich für leistungsunfähig, erschöpft oder schlapp bei seinen Tätigkeiten (Arbeit oder Hobbies) oder fühlt sich entsprechend.	1
Verlust des Interesses an seinen Tätigkeiten (Arbeit oder Hobbies), muß sich dazu zwingen. Sagt das selbst oder läßt es durch Lustlosigkeit, Entscheidungslosigkeit und sprunghafte Entschlußänderungen erkennen.	2
Wendet weniger Zeit für seine Tätigkeiten auf oder leistet weniger. Bei stationärer Behandlung Ziffer 3 ankreuzen, wenn der Patient weniger als 3 Stunden an Tätigkeiten teilnimmt. Ausgenommen Hausarbeiten auf der Station.	3
Hat wegen der jetzigen Krankheit mit der Arbeit aufgehört. Bei stationärer Behandlung ist Ziffer 4 anzukreuzen, falls der Patient an keinen Tätigkeiten teilnimmt, mit Ausnahme der Hausarbeit auf der Station, oder wenn der Patient die Hausarbeit nur unter Mithilfe leisten kann.	4
8. Depressive Hemmung (Verlangsamung von Denken und Sprache; Konzentrationsschwäche, reduzierte Motorik)	
Sprache und Denken normal	0
Geringe Verlangsamung bei der Exploration	1
Deutliche Verlangsamung bei der Exploration	2
Exploration schwierig	3
Ausgeprägter Stupor	4
9. Erregung	
Keine	0
Zappeligkeit	1
Spielen mit den Fingern, Haaren usw.	2
Hin- und herlaufen, nicht still sitzen können	3
Händeringen, Nägelbeißen, Haareraufen, Lippenbeißen usw.	4
10. Angst – psychisch	
Keine Schwierigkeit	0
Subjektive Spannung und Reizbarkeit	1
Sorgt sich um Nichtigkeiten	2
Besorgte Grundhaltung, die sich im Gesichtsausdruck und in der Sprechweise äußert	3
Ängste werden spontan vorgebracht	4
11. Angst – somatisch **Körperliche Begleiterscheinungen der Angst wie:** Gastrointestinale (Mundtrockenheit, Winde, Verdauungsstörungen, Durchfall, Krämpfe, Aufstoßen) – Kardiovasculäre (Herzklopfen, Kopfschmerzen) – Respiratorische (Hyperventilation, Seufzen) – Pollakisurie – Schwitzen	
Keine	0
Geringe	1
Mäßige	2
Starke	3
Extreme (Patient ist handlungsunfähig)	4

Abb. 7-4 Hamilton Depressions-Skala (HAMD); © by Beltz Test GmbH, Göttingen.

CIPS Collegium Internationale Psychiatriae Scalarum		HAMD Hamilton Depression Scale

12. Körperliche Symptome – gastrointestinale	
Keine	0
Appetitmangel, ißt aber ohne Zuspruch. Schweregefühle im Abdomen	1
Muß zum Essen angehalten werden. Verlangt oder benötigt Abführmittel oder andere Magen-Darmpräparate	2
13. Körperliche Symptome – allgemeine	
Keine	0
Schweregefühl in Gliedern, Rücken oder Kopf. Rücken-, Kopf- oder Muskelschmerzen. Verlust der Tatkraft, Erschöpfbarkeit	1
Bei jeder deutlichen Ausprägung eines Symptoms 2 ankreuzen	2
14. Genitalsymptome wie etwa: Libidoverlust, Menstruationsstörungen etc.	
Keine	0
Geringe	1
Starke	2
15. Hypochondrie	
Keine	0
Verstärkte Selbstbeobachtung (auf den Körper bezogen)	1
Ganz in Anspruch genommen durch Sorgen um die eigene Gesundheit	2
Zahlreiche Klagen, verlangt Hilfe etc.	3
Hypochondrische Wahnvorstellungen	4
16. Gewichtsverlust (entweder a oder b ankreuzen)	
a. Aus Anamnese	
Kein Gewichtsverlust	0
Gewichtsverlust wahrscheinlich in Zusammenhang mit jetziger Krankheit	1
Sicherer Gewichtsverlust laut Patient	2
b. Nach wöchentlichem Wiegen in der Klinik, wenn Gewichtsverlust	
weniger als 0,5 kg/Woche	0
mehr als 0,5 kg/Woche	1
mehr als 1 kg/Woche	2

17. Krankheitseinsicht	
Patient erkennt, daß er depressiv und krank ist	0
Räumt Krankheit ein, führt sie aber auf schlechte Ernährung, Klima, Überarbeitung, Virus, Ruhebedürfnis etc. zurück	1
Leugnet Krankheit ab	2
18. Tagesschwankungen	
a. Geben Sie an, ob die Symptome schlimmer am Morgen oder am Abend sind. Sofern KEINE Tagesschwankungen auftreten, ist = (≙ keine Tagesschwankungen) anzukreuzen.	
Keine Tagesschwankungen	0
Symptome schlimmer am Morgen	1
Symptome schlimmer am Abend	2
b. Wenn es Schwankungen gibt, geben Sie die Stärke der SCHWANKUNGEN an. Falls es KEINE gibt, kreuzen Sie 0 (≙ keine) an.	
Keine	0
Gering	1
Stark	2
19. Depersonalisation, Derealisation wie etwa: Unwirklichkeitsgefühle, nihilistische Ideen	
Keine	0
Gering	1
Mäßig	2
Stark	3
Extrem (Patient ist handlungsunfähig)	4
20. Paranoide Symptome	
Keine	0
Mißtrauisch	1
Beziehungsideen	2
Beziehungs- und Verfolgungswahn	3
	☐
21. Zwangssymptome	
Keine	0
Gering	1
Stark	2
	☐

Bitte prüfen Sie, ob Sie alle Feststellungen zutreffend beantwortet haben!

Score 1
☐☐

Abb. 7-4 Fortsetzung.

8 Sonstige Verfahren

8.1 Hachinski-Ischämie-Skala, Rosen-Ischämie-Skala

Skalencharakteristik

Die Hachinski-Ischämie-Skala ist ein verbreitetes Instrument, das den Anspruch erhebt, zwischen der Alzheimer-Demenz und der Multiinfarktdemenz zu differenzieren. Voraussetzung ist allerdings eine mit anderen Instrumenten bestätigte Diagnose eines Demenzsyndroms. Die von Hachinski konzipierte Originalfassung enthält 13 Merkmale, die die Ergebnisse einer neurologischen Untersuchung beinhalten und auf das Vorliegen einer vaskulären Erkrankung schließen lassen: z.B. plötzlicher Beginn der Erkrankung, wechselhafter Verlauf der Symptomatik, anamnestisch eine Hypertonie und neurologische Herdsymptome. Sie werden bei Vorliegen mit jeweils einem oder zwei Punkten bewertet.
Rosen et al. (1980) konnten nachweisen, dass einige Items der Originalversion nicht zur Differenzierung der beiden Demenzformen beitrugen (z.B. Depression, Persönlichkeitsveränderungen oder extrazerebrale Arteriosklerose). Die Skala liegt seither in modifizierter Form vor und sollte der besseren Validität wegen vorgezogen werden.
Aufgrund der aufgenommenen Merkmale kann das Vorliegen einer vaskulären Demenz ausgeschlossen und dann auf das Vorliegen einer Alzheimer-Demenz geschlossen werden. Hier ist unbedingt Vorsicht vor einer zu weit reichenden Interpretation beider Skalen geboten. Fraglich ist, welchen Informationsgewinn die Skalen nach einer neurologischen Untersuchung überhaupt liefern können.

Auswertung und Interpretation

In der Originalfassung von Hachinski sind durch Addition der Einzelpunktwerte insgesamt 18 Punkte zu erreichen. Die Interpretation hat dabei nur Sinn, wenn tatsächlich ein Demenzsyndrom vorliegt. Werte zwischen 0 und 4 Punkten weisen auf das Vorliegen einer primär degenerativen Erkrankung hin, 5 und 6 Punkte sprechen für das Vorliegen von Mischformen und Werte von 7–18 Punkten sprechen für eine Multiinfarktdemenz.
Bei der modifizierten Rosen-Ischämie-Skala sind maximal 12 Punkte zu vergeben. 0 bis 3 Punkte sprechen dabei für das Vorliegen einer Alzheimer-Demenz, 4 bis 12 Punkte für das Vorliegen einer Multiinfarktdemenz.

Dauer

Ca. 5 Minuten.

Praktischer Hinweis

Nach neurologischer Untersuchung und Anamnese sind beide Skalen zügig auszufüllen und können lediglich als weiterer Hinweis auf eine Diagnose verwendet werden.

Autoren und Erscheinungsjahr

Hachinski et al. (1975). Cerebral blood flow in dementia. Archives of Neurology, 32, 632–637.

Rosen, W.G. et al. (1980). Pathological verification of ischemic score in differentiation of dementias. Annals of Neurology, 7, 486–488.

Testbezug

Es sind keine autorisierten deutschen Versionen im Handel erhältlich. In klinischen Studien werden deutsche Übersetzungen verwendet.

	Nein	Ja
Plötzlicher Beginn (eine auffällige Verhaltensveränderung wie z.B. Verwirrtheit, Desorientiertheit oder Verlust des Sprachvermögens, die möglicherweise nach einem Schlaganfall auftraten und nicht im Zusammenhang mit einer anderen Krankheit stehen)	0	2
Schrittweise Verschlechterung (mindestens ein Ereignis, dem ein Verlust kognitiver Fähigkeiten folgte, mit unvollständiger Restitution)	0	1
Somatische Beschwerden (wiederholte Klagen über körperliche Beschwerden, die ärztlich behandelt wurden und trotzdem ohne offenkundige Erklärung weiterbestanden)	0	1
Affektinkontinenz (unangemessenes Lachen und/oder Weinen)	0	1
Anamnestisch bekannte Hypertonie a) bekannte Hypertonie vor Aufnahme oder b) hypertone Blutdruckwerte, definiert als Überschreitung des systolischen Blutdruckes von 170 mmHg oder des diastolischen Blutdruckes von 100 mmHg zweimal während des Aufenthalts in der gewohnten Umgebung.	0	1
Schlaganfälle in der Vorgeschichte (medizinische oder neurologische Untersuchung erbrachte die Diagnose eines Schlaganfalles oder Vorgeschichte von Schlaganfällen)	0	2
Neurologische Herdsymptome (Vorhandensein von Symptomen, die im allgemeinen mit neurologischen Herderkrankungen in Zusammenhang gebracht werden, wie z.B. Aphasie, unilaterale Schwäche oder Tremor)	0	2
Neurologische Herdzeichen (Herdbefunde bei der neurologischen Untersuchung, wie z.B. Reflexdifferenz, pos. Babinski-Reflex, pos. Frontalhirnzeichen)	0	2
Summenscore nach Rosen: **0 bis 3 Punkte: Demenz vom Alzheimer Typ** **SUMME:** **4 bis 12 Punkte: Multiinfarktdemenz**		

Abb. 8-1 Rosen-Ischämie-Skala (modifiziert nach Rosen et al., 1980).

8.2 Clinical Global Impressions – Klinischer Gesamteindruck (CGI, CIBIC, CIBIC-plus)

Skalencharakteristik

Skalen zum klinischen Gesamteindruck werden in klinischen Studien mit Alzheimer-Patienten häufig eingesetzt. In ihnen gibt in der Regel ein Arzt, der den Studienpatienten nicht primär betreut, eine globale Einschätzung zu folgenden Bereichen ab: Schweregrad der Erkrankung, Veränderung des Zustandsbildes im Laufe der Studie, Beurteilung von Wirkung und Nebenwirkung des Medikaments. Die Einschätzungsskalen unterscheiden sich in Anweisungen bzw. Vorgaben für die Durchführung.
Die **CGI** macht keine Vorgaben für das Vorgehen bei der Beurteilung der Bereiche. Im Interview Based Impression of Change (**CIBIC**) dagegen liegt der Beurteilung ein etwa 10-minütiges Interview mit dem Patienten zugrunde. Darin soll der Arzt alle Bereiche, die für die entsprechende Studie klinisch relevant sind, erheben. Andere Informationsquellen, Testergebnisse und dergleichen, sind nicht zulässig, um eine unabhängige Beurteilung zu ermöglichen. Man geht davon aus, dass die vom Arzt beobachtete Veränderung klinisch bedeutsam sein muss.
Ein weiterer Versuch für eine solidere Beurteilung stellt die Skala **CIBIC-plus** (**C**linician **I**nterview-**B**ased **I**mpression of **C**hange plus caregiver input) dar. Die globale Einschätzung, die hier gegeben wird, basiert auf zwei ausführlichen Interviews zwischen Arzt und Patient bzw. Arzt und pflegendem Angehörigen. Diese sind halbstrukturiert und von anderen Testverfahren und Untersuchungsergebnissen unabhängig, denn auch hier sollen dem Arzt andere Informationsquellen nicht zugänglich sein. Die Gespräche umfassen vier Themenbereiche (allgemeiner Bereich, kognitiver Bereich, Verhalten und Aktivitäten des täglichen Lebens).

Auswertung und Interpretation

Den Skalen ist gemeinsam, dass für die verschiedenen Bereiche (Schweregrad, Veränderung des Zustandsbildes und therapeutische Wirksamkeit) von mehreren Antwortmöglichkeiten die am meisten

zutreffende angekreuzt wird. Ein Gesamtscore wird nicht gebildet. Für die initiale Beurteilung des Schweregrades des Patienten zu Therapiebeginn erfolgt zum Beispiel eine Einschätzung zwischen 1 und 7, wobei 1 „gesund“ entspricht, 4 „mäßig krank“ und 7 „sehr krank“. Zur Beurteilung des Therapieverlaufs liegt die Einstufung zwischen 1 „deutlich verbessert“, 4 „unverändert“ und 7 „deutlich verschlechtert“.
Die Skalen sind relativ kurz und einfach durchzuführen und verfügen über eine hohe Augenscheinvalidität (leicht einsichtige, aber empirisch nicht notwendig verifizierte Validität), erfüllen aber sonst die Gütekriterien kaum. Verbesserungen haben sich bereits ergeben durch die Eingrenzung der zur Beurteilung heranzuziehenden Informationsquellen. Dennoch sei vor einer zu weit reichenden Interpretation gewarnt. Globale Einschätzungen dieser Art sind sicher allein nicht ausreichend, um eine therapeutische Wirksamkeit dokumentieren oder belegen zu können.

Dauer

Je nach Ausführlichkeit der Erhebung der zugrunde liegenden Information 10–30 Minuten.

Praktischer Hinweis

Die Skalen sind praktisch ausschließlich für klinische Studien relevant. Zur korrekten Ausführung ist im Prinzip darauf zu achten, dass der beurteilende Arzt tatsächlich keinen Zugang zu anderen Informationsquellen hat.

Autoren und Erscheinungsjahr

Guy, W. (ed.) (1976). Clinical Global Impressions (CGI). In: ECDEU Assessment Manual for Psychopharmacology. US Department of Health and Human Services, Public Health Service, Alcohol Drug Abuse and Mental Health Administration, NIMH Psychopharmacology Research branch, 218–222.

Schneider, L.S. & Olin, J.T. (1996). Clinical global impressions in Alzheimer's clinical trials. International Psychogeriatrics, 8, 277–288.

Schneider, L.S. (1997). An overview of rating scales used in dementia research. Alzheimer Insights – Special Edition, pp. 8–14.

Testbezug und Preis

100 Testformulare des CGI kosten 32,– € bei der Testzentrale Göttingen (Adresse s. Anhang).
Von CIBIC und CIBIC-plus gibt es keine autorisierten Formen im Handel; sie werden in deutscher Übersetzung in klinischen Studien verwendet.

CIPS **Collegium Internationale Psychiatriae Scalarum**	____________ ____________ ____________	**CGI** **Clinical Global Impressions**

Fragen 2 und 3 müssen bei Erstbewertungen ausgeklammert werden, indem man 0 (nicht beurteilbar) ankreuzt.	
1. Schweregrad der Krankheit Ziehen Sie Ihren gesamten Erfahrungsschatz an dieser Art von Kranken in Betracht, und geben Sie an, wie hoch Sie den jetzigen Grad der seelischen Erkrankung des Patienten einschätzen.	**2. Gesamtbeurteilung der Zustandsänderung** Beurteilen Sie dabei die Zustandsänderung insgesamt, also nicht nur das Ergebnis der Medikamentenbehandlung. Bitte vergleichen Sie den jetzigen Zustand des Patienten mit dem zu Beginn der Studie, und geben Sie an, inwieweit sich das Krankheitsbild des Patienten geändert hat.
[0] Nicht beurteilbar.	[0] Nicht beurteilbar.
[1] Patient ist überhaupt nicht krank.	[1] Zustand ist sehr viel besser.
[2] Patient ist ein Grenzfall psychiatrischer Erkrankung.	[2] Zustand ist viel besser.
[3] Patient ist nur leicht krank.	[3] Zustand ist nur wenig besser.
[4] Patient ist mäßig krank.	[4] Zustand ist unverändert.
[5] Patient ist deutlich krank.	[5] Zustand ist etwas schlechter.
[6] Patient ist schwer krank.	[6] Zustand ist viel schlechter.
[7] Patient gehört zu den extrem schwer Kranken.	[7] Zustand ist sehr viel schlechter.
3. Wirksamkeits-Index Bitte beurteilen Sie das Verhältnis von therapeutischem Effekt und auftretenden Nebenwirkungen.	
3.1 Therapeutische Wirksamkeit (gewünschte Arzneiwirkungen)	**3.2 Unerwünschte Wirkungen (Therapie-Risiken)**
[0] Nicht beurteilbar.	[0] Nicht beurteilbar.
[1] Sehr gut – Umfassende Besserung. Vollständige oder fast vollständige Remission aller Symptome.	[1] Keine.
[2] Mäßig – Deutliche Besserung. Teilweise Remission der Symptome.	[2] Beeinträchtigen den Patienten nicht wesentlich.
[3] Gering – Leichte Besserung. Eine weitere Behandlung des Patienten ist dennoch nötig.	[3] Beeinträchtigen den Patienten wesentlich.
[4] Zustand unverändert oder verschlechtert.	[4] Überwiegen die therapeutische Wirksamkeit.

Abb. 8-2 Clinical Global Impressions (CGI); © by Beltz Test GmbH, Göttingen.

Anhang

A. Adressen

Testzentrale Göttingen

Robert-Bosch-Breite 25
37079 Göttingen
Tel.: 0551/50 688-0
Fax: 0551/50 688-24
Internet: www.testzentrale.de

Deutsche Alzheimer Gesellschaft e.V.
Friedrichstr. 236
10969 Berlin
Tel.: 030 / 31 50 57 33
Fax: 030 / 31 50 57 35
E-mail: deutsche.alzheimer.ges@t-online.de
Internet: www.deutsche-alzheimer.de

Die Alzheimer-Gesellschaft ist für alle Fragen und Probleme kompetenter Ansprechpartner. Sie informiert über die Erkrankung, bietet hervorragendes Informationsmaterial, verfügt über Adressen sämtlicher Gedächtnisambulanzen, Mitgliedsorganisationen und Selbsthilfegruppen. Bei Nachfragen aller Art ist die Dachorganisation oder eine regionale Alzheimer-Gesellschaft die Informationsquelle erster Wahl.

Neue Hotline für Demenzkranke und Angehörige
Unter der Telefonnummer **01803/171017** können Alzheimer-Kranke und deren Angehörige Information und Beratung abfragen. Das Alzheimer-Telefon wurde im Januar 2002 mit Unterstützung von Bundesfamilienministerin Christine Bergmann eingerichtet. Mit dem Alzheimer-Telefon – es ist von montags bis donnerstags zwischen 9 und 18 Uhr, freitags bis 15 Uhr besetzt – können Ratsuchende Informationen über Selbsthilfegruppen vor Ort, spezielle diagnostische und therapeutische Einrichtungen und Hilfestellung bei der Auswahl geeigneter Pflegeheime erhalten.

Weitere Internetadressen

www.alzheimerforum.de
Sehr umfangreiche Informationen über das Krankheitsbild und Hilfsmöglichkeiten für Betroffene und Angehörige (z.B. gute Tipps für die Beantragung der Pflegeversicherung). Außerdem umfassende und aktuelle Adressenlisten, u.a. auch von allen Gedächtnisambulanzen in Deutschland. In „Beiträge aus Forschung und Lehre“ kann Fachliteratur gesichtet werden.

www.alois.de
Webseite der Firmen Eisai und Pfizer. Sie informiert medizinische Laien sowie Fachleute über die wesentlichen Aspekte der Krankheit. Unter „Wissenswertes“ erfahren Interessierte vieles über das Krankheitsbild, Früherkennung, Diagnose und Behandlungsmöglichkeiten. Im „Expertenrat“ beantworten ein Arzt und zwei Leiter regionaler Selbsthilfegruppen Fragen von Interessierten.

Für diejenigen, die auch über Deutschlands Grenzen hinausschauen möchten, sind noch folgende Adressen interessant:

www.alzheimer-europe.org

www.alz.co.uk (Alzheimer's Disease International)

Spezialkliniken

Alzheimer Therapiezentrum der Neurologischen Klinik Bad Aibling
Leitung: Fr. Dr. B. Romero
Kolbermoorer Str. 72, 83043 Bad Aibling
Tel.: 08061/38790, Service-Tel.: 0180/2 24 14 02
E-mail: alzheimer@schoen-kliniken.de
Internet: www.alzheimer-therapiezentrum.de

Rehabilitationsklinik Klausenbach der LVA Baden
Schwerpunktklinik für Hirnfunktionsstörungen,
Innere Erkrankungen und Memory-Klinik
Chefarzt Prof. Dr. med. B. Fischer
Kolonie 5, 77787 Nordrach Klausenbach
Tel.: 07838/820

Pharmazeutische Unternehmen (Bezugsadressen von Test- und Informationsmaterial)

Pfizer GmbH
Pfizerstr. 1
76139 Karlsruhe
Tel.: 0721/6101-01
Fax: 0721/6203-01
E-mail: info@pfizer.de

Eisai GmbH
Lyoner Str. 14
60528 Frankfurt am Main
Tel.: 069/66 58 50
Fax: 069/66 58 525
E-Mail: kontakt@eisai.net

Dr. Willmar Schwabe Arzneimittel
Postfach 41 09 25
76209 Karlsruhe
oder:
Wilmar-Schwabe-Str. 4
76227 Karlsruhe
Tel.: 0721/4005-0
Fax: 0721/4005-630
E-Mail: info@schwabe.de

Novartis Deutschland GmbH
Büro Nürnberg
Roonstr. 25
90429 Nürnberg
Tel.: 0911/27 31 29 40
Fax: 0911/27 31 22 46

B. Bücher für den niedergelassenen Arzt, Empfehlungen für pflegende Angehörige

Aus den Veröffentlichungen der Deutschen Alzheimer Gesellschaft

Leitfaden zur Pflegeversicherung. Antragstellung, Begutachtung, Widerspruchsverfahren, Leistungen. 3. unveränderte Auflage 2001. 4,50 €.

Ratgeber in rechtlichen und finanziellen Fragen für Angehörige von Alzheimer-Patienten, ehrenamtliche und professionelle Helfer. 2. aktualisierte Auflage 2000. 4,50 €.

Stationäre Versorgung von Alzheimer-Patienten. Leitfaden für den Umgang mit demenzkranken Menschen. 3. vollständig überarbeitete Auflage 2001. 4,50 €.

Betreuungsgruppen für Alzheimer-Kranke. Informationen und Tipps zum Aufbau. 1. Auflage 2001. 3,00 €.

Das Wichtigste über die Alzheimer-Krankheit. Ein kompakter Ratgeber. 3. aktualisierte Auflage 2001. Kostenlos (bei Bestellung sind 1,53 € als Rückporto beizulegen).

Ratgeber

Krämer, Günter (1995). *Alzheimer Kranke betreuen.* Praktische Ratschläge für den Alltag. Stuttgart: TRIAS Thieme Hippokrates Enke.
Ist nach dem Konzept „Typische Fragen und deren Beantwortung" aufgebaut. Themen sind Belastungen der Angehörigen, Grundlagen der Betreuung, praktische Ratschläge für den Alltag, rechtliche und finanzielle Probleme. Insgesamt sehr verständlich und sehr gut lesbar.

Buijssen, Huub (1994). *Senile Demenz.* Eine praktische Anleitung für den Umgang mit Alzheimer-Patienten. Weinheim: Beltz, Psychologie Verlags Union.
Anschauliche Beschreibung der Symptome und Reaktionen darauf von Patienten und Angehörigen. Schwerpunkte liegen beim Umgang mit den Gefühlen der Erkrankten, bei der Kommunikation, bei dem praktischen Umgang mit alltäglichen Situationen. Die verschiedenen Problemfelder der pflegenden Angehörigen werden ausführlich behandelt.

Verschiedene Therapieformen werden vorgestellt. Alle Themen werden anhand von Beispielen verdeutlicht. Das Grundproblem der Angehörigen, angemessen zu reagieren und sich auseinandersetzen zu müssen, wird nicht aus den Augen gelassen. Insgesamt sehr zu empfehlen.

Erfahrungsberichte

Götte, Rose und Lackmann, Edith (1991). *Alzheimer – was tun?* Eine Familie lernt, mit der Krankheit zu leben. Weinheim: Beltz Verlag.

Fuhrmann, Alfred (1990). *Das Alzheimer-Schicksal meiner Frau: Lebend begraben im Bett?* Ein persönlicher Erfahrungsbericht. Stuttgart: Trias-Verlage.

Romane

(Es ist durchaus eine gute Möglichkeit, sich der Erkrankung durch fiktive Darstellungen zu nähern oder aber durch autobiographische Erzählungen.)

Forster, Margaret (1992). *Ich glaube, ich fahre in die Highlands.* Fischer Taschenbuch Verlag.
Auseinandersetzung einer Familie mit der Erkrankung der Großmutter. Gut dargestellt werden die unterschiedlichen Rollen, die Familienmitglieder in der Betreuung übernehmen und die darauf beruhenden Spannungen zwischen den einzelnen Mitgliedern.

Bernleff, J. (1989). *Hirngespinste.* Piper.
Fiktive Ich-Erzählung über den Verlauf einer Erkrankung. Eindrücklich sind die Passagen über die Beobachtung der eigenen Verluste und Versuche, diese zu vertuschen. Im Vordergrund stehen die Wahrnehmungen des Patienten.

Friel McGowin, Diana (1994). *Wie in einem Labyrinth.* Leben mit der Alzheimer-Krankheit. Knaur.
Autobiographischer Bericht einer Alzheimer-Patientin über Beginn und Verlauf ihrer Erkrankung. Berichtet wird über die Diagnosestellung und die Reaktionen von Familie und Freunden, über psychiatrische Begleitsymptomatik und den Umgang damit. Sehr eindringliche und warmherzige und letztlich positive, Mut machende Schilderung.

Sachregister